拉存款 100 招（二）

立金银行培训中心　著

中国金融出版社

责任编辑：张清民
责任校对：张志文
责任印制：张也男

图书在版编目（CIP）数据

拉存款100招（二）／立金银行培训中心著．—北京：中国金融出版社，2019.3
ISBN 978 - 7 - 5049 - 9995 - 5

Ⅰ.①拉⋯ Ⅱ.①立⋯ Ⅲ.①储蓄业务—基本知识 Ⅳ.①F830.48

中国版本图书馆 CIP 数据核字（2019）第 030254 号

拉存款100招（二）
LACUNKUAN 100ZHAO（ER）

出版
发行 **中国金融出版社**

社址 北京市丰台区益泽路 2 号
市场开发部 （010）66024766，63805472，63439533（传真）
网上书店 www.cfph.cn
　　　　　（010）66024766，63372837（传真）
读者服务部 （010）66070833，62568380
邮编 100071
经销 新华书店
印刷 北京市松源印刷有限公司
尺寸 169 毫米 × 239 毫米
印张 10.5
字数 163 千
版次 2019 年 3 月第 1 版
印次 2021 年 4 月第 2 次印刷
定价 38.00 元
ISBN 978 - 7 - 5049 - 9995 - 5
如出现印装错误本社负责调换 联系电话 （010）63263947

前　　言

每家银行都希望自己的存款迅速增加，其实，只要成功解决以下三个问题，存款过亿元非常简单：第一，营销方向必须正确；第二，措施必须得当；第三，考核奖励办法。

第一，银行的营销方向必须正确。

正确地选择客户类型。一是资金密集型行业，比如石油、电力、电信、基础设施、超市、教育等行业。二是资金源头型客户，比如税务、财政等客户，不是开发这类客户，而是开发这类客户的上下游配套企业，其可以为银行带来源源不断的存款。

第二，措施必须得当，并有足够过硬的产品。

客户已经从简单的最基本的贷款需求上升到表外融资，向更加吻合企业的经营融资方向靠拢。

银行必须在产品方面多下功夫，不断地改进产品，使其更加符合客户的需要。例如，对于票据产品、供应链融资产品、投行产品、托管产品、资管产品等，每个产品都需要仔细打磨，不断迭代。

要想成为优秀的银行客户经理，必须首先成为优秀的产品经理，能够根据不同的客户设计个性化的金融服务方案。

第三，有清晰的考核奖励办法，大家愿意投入。

每位客户经理只要有了业绩，就会立即获得奖励，而且奖励要及时到位。考核要与每笔业绩挂钩，要有清晰的定量标准。

目　录

第一招 代理信托计划资金收付存款

【目标对象】

存款的目标对象是信托公司。信托公司普遍经营规范，经营规模也较大，银行可以积极地开发信托公司，为银行带来非常可观的存款沉淀。

信托公司与银行的利益诉求不同，银行更关心的是如何拓展低成本存款，信托公司更在乎的是如何获得更多的贷款利息收入。

银行可以将信托公司作为渠道类客户，通过信托公司不断发展更多的优质信贷客户，大家按照互补的态度进行深度合作。

银保监会监管的信托公司名录[①]：

安徽国元信托有限责任公司、安信信托股份有限公司、百瑞信托有限责任公司、北方国际信托股份有限公司、北京国际信托有限公司、渤海国际信托股份有限公司、长安国际信托股份有限公司、长城新盛信托有限责任公司、重庆国际信托股份有限公司、大业信托有限责任公司、东莞信托有限公司、方正东亚信托有限责任公司、光大兴陇信托有限责任公司、广东粤财信托有限公司、国联信托股份有限公司、国民信托有限公司、国投泰康信托有限公司、杭州工商信托股份有限公司、湖南省信托有限责任公司、华澳国际信托有限公司、华宝信托有限责任公司、华宸信托有限责任公司、华能贵诚信托有限公司、华融国际信托有限责任公司、华润深国投信托有限公司、华鑫国际信托有限公司、华信信托股份有限公司、吉林省信托有限责任公司、建信信托有限责任公司、江苏省国际信托有限责任公司、交银国际信托有限公司、昆仑信托有限责任公司、陆家嘴国际信托有限公司、平安信托有限责任公司、山东省国际信托股份有限公司、山西信托股份有限公司、陕西省国际信托股份有限公司、上海爱建信托有限责任公司、上海国际信托有限公司、四川信托有限公司、苏州信托有限公司、天津信托有限责任公司、万向信托有限公司、五矿国际信托有限公司、西部信托有限公司、西藏信托有限公司、厦门国际信托有限公司、新华信托股份有限公司、新时代信托股份有限公司、兴业国际信托有限公司、英大国

---

① 资料来源：中国信托业协会。

际信托有限责任公司、云南国际信托有限公司、浙商金汇信托股份有限公司、中诚信托有限责任公司、中国对外经济贸易信托有限公司、中国金谷国际信托有限责任公司、中国民生信托有限公司、中海信托股份有限公司、中航信托股份有限公司、中建投信托有限责任公司、中江国际信托股份有限公司、中粮信托有限责任公司、中融国际信托有限公司、中泰信托有限责任公司、中铁信托有限责任公司、中信信托有限责任公司、中原信托有限公司、紫金信托有限责任公司。

【使用产品】

使用产品包括项目贷款、监管账户、银行理财、过桥贷款等。

1. 项目贷款。对于信托公司推荐的客户，银行有时候需要提供一定的信贷额度，作为流动性补充，保证借款人在信托项目到期的时候，可以通过银行获得一定额度的短期资金，临时过渡兑付信托计划。

2. 监管账户。信托公司募集的资金必须存入专门的监管账户进行管理，银行提供账户清算等服务。

3. 银行理财。银行向信托公司的投资人发行一些销售金额起步为100万元以上的理财产品，这些投资人都属于高端理财客户群体。

4. 过桥贷款。信托公司一般都有大量相关部门的融资平台客户，这类相关部门的融资平台客户在信托计划到期的时候，都有临时性的过桥资金需求，银行可以考虑为其提供临时性的过桥贷款。银行采取商业承兑汇票"直贴＋转贴"模式为其提供过桥贷款通常不占用银行的信贷规模，是一种效率极高的融资方式。

【存款量分析】

存款量起步在1000万元以上，单一信托项目金额一般都超亿元，每个项目都需要银行进行监管，会给银行滞留可观的资金沉淀，当然，还有一定比例的手续费收入。

【开发难度】

开发难度适中，信托项目资金监管属于银保监会强制规定的项目，开发难度不大。而且，信托公司属于高度市场化的机构，与银行合作的机会较多，有积极配合的意愿。

【业务特点】

代理信托计划资金收付业务是指银行接受信托公司委托，代理信托公司收取或支付信托计划资金的一项中间业务。

根据我国《信托法》的定义，信托是指客户基于对象信托投资公司这样的金融机构（又叫受托人）的信任，将自己合法拥有的财产委托给受托人，由受托人按照客户的意愿，为客户指定的受益人的利益或者特定的目的，对财产进行管理或者处分的行为。一般来讲，信托公司会根据客户财富增值等需求设计开发一定期限（如一年、两年）的安全可靠（有多层次的保障措施）的收益较高（如两年期预计收益率在4%或更高）的理财产品，又叫信托计划，供客户购买。简单地说，信托就是"受人之托，代人理财"。

信托贷款业务是指信托公司作为受托人，以委托人提供的信托资金向借款人发放贷款，并按约定期限和利率收回本息的信托业务。信托贷款发放应当遵循国家法律法规、执行国家区域产业政策、促进国家经济发展，对国家规定停止或严格限制发展的产业和产品应不予贷款。信托贷款的发放和使用要坚持效益性、安全性和流动性相统一的原则。信托贷款业务是信托公司的传统业务领域，是信托业务发展的主要产品。

房地产信托业务是指信托公司通过实施信托计划筹集资金，用于房地产开发项目，为委托人获取一定的收益。在风险可控的前提下，房地产信托业务收益率较高。房地产信托项目必须取得《国有土地使用证》《建设用地规划许可证》《建设工程规划许可证》《建筑工程施工许可证》，同时项目自有资金投资比例应不低于总投资额的35%。

1. 适用客户。

适用客户主要为具备相应业务资格的信托公司以及高端个人理财客户和机构理财客户。

为信托公司提供代理收取投资人投资其信托产品所缴纳的资金以及为其代理分配信托收益，解决信托公司没有分支机构的问题。

2. 办理条件。

（1）信托公司。具备相应业务资格的信托公司都可申请办理。

（2）理财客户。办理本业务的理财客户必须为合格投资者。合格投资者需要符合下列条件之一，并能够识别、判断和承担信托计划相应的风险：

①投资一个信托计划的最低金额不少于100万元的自然人、法人或者依法成立的其他组织。

②个人或家庭金融资产总计在其认购时超过100万元，且能提供相关

财产证明的自然人。

③个人收入在最近3年每年收入超过20万元或者夫妻双方合计收入在最近3年每年收入超过30万元，且能提供相关收入证明的自然人。

【业务优势】

1. 银行优势。具有良好的社会信誉和庞大的经营网络以及项目甄别、风险管理等方面的优势，保证客户资金风险可控。

2. 银行收益。

（1）推介创新型投融资服务金融产品，吸引高端私人银行客户。

（2）获取可观的中间业务收入。

【案例】

××国际信托有限责任公司信托贷款集合资金信托计划

一、信托计划概况

1. 受托机构：××国际信托有限责任公司。

2. 产品类型：集合资金信托计划。

3. 信托规模：不超过6.5亿元，每期及每类信托受益权规模以实际募集金额为准。

4. 信托期限：18个月。

5. 投资门槛：100万元，并按10万元的整数倍增加。

6. 预计投资收益。

A类信托受益权：预定期限为自本期募集完成日起满6个月，规模5000万元，包括以下几类：

A1类：100万元≤认购金额＜300万元，投资者预期年化收益率为7.8%；

A2类：认购金额≥300万元，投资者预期年化收益率为8%；

A3类：定向合格投资者发行。

B类信托受益权：预定期限为自本期募集完成日起满12个月，规模1亿元，包括以下几类：

B1类：100万元≤认购金额＜300万元，投资者预期年化收益率为8.2%；

B2 类：认购金额≥300 万元，投资者预期年化收益率为 8.4%；

B3 类：定向合格投资者发行。

C 类信托受益权：预定期限为自本期募集完成日起满 18 个月，规模 5 亿元，包括以下几类：

C1 类：100 万元≤认购金额＜300 万元，投资者预期年化收益率为 8.6%；

C2 类：300 万元≤认购金额＜800 万元，投资者预期年化收益率为 8.8%；

C3 类：认购金额≥800 万元，投资者预期年化收益率为 9%；

C4 类：定向合格投资者发行。

7. 收益分配：自本期募集完成日起每半年分配收益，到期偿还剩余本金及相应收益。

8. 推介期：_____年_____月_____日至_____月_____日（根据推介情况，受托人可提前或延后推介期）。

9. 资金运用：用于向杭州××公司发放信托贷款，杭州××公司将融资资金用于其开发项目的前期债务置换及偿还股东借款。

10. 还款来源：第一还款来源为杭州××中心项目销售回款。第二还款来源为北京××地产股份有限公司综合现金流。

11. 交易流程：

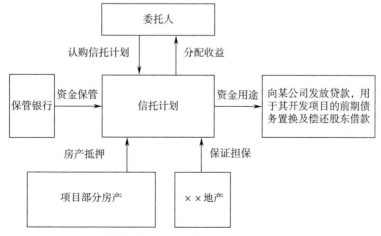

信托贷款集合资金信托计划交易流程

二、信托计划主要特点及风险控制措施

1. 理财收益高。本信托计划产品投资者预期收益高于市场平均水平，投资期限适中，能有效防范企业经营风险。

2. 风险控制措施完备。××置业公司以其项目的59套房产提供现房抵押。经××土地房地产评估有限公司评估，抵押物价值为16.7亿元。在销售房产的过程中，如需解除部分房产抵押，须确保信托动态抵押率不超过60%，否则须向保证金账户缴纳足额保证金后方可办理。项目抵押物所处地理位置较好，且为现房，可处置性较强，有效规避了开发环节的风险。

北京××地产股份有限公司为信托贷款提供连带责任担保。该公司在建项目较多，实力较强，未来将产生可观的销售回款，且具备较强的股权及债权融资能力，担保能力较强，还款有保障。

三、借款人情况介绍

××置业公司是由北京××地产股份有限公司于2008年注册成立的有限责任公司，公司注册资本为3.5亿元，主要负责开发和销售位于××CBD区域的项目。

四、担保人情况介绍

本项目担保人北京××地产股份有限公司成立于1998年，具有房地产开发一级资质。截至2014年底，公司总资产142亿元，近三年累计合同销售金额逾93亿元，经营状况良好。

【文本示范】

信托保管框架协议

本协议由下列双方签署：

信托机构：＿＿＿＿＿＿＿＿（以下简称甲方）

保管人：＿＿＿＿＿＿＿银行股份有限公司＿＿＿分行（以下简称乙方）

鉴于：

1. 甲方是中华人民共和国境内具有合法资质的信托公司。

2. 乙方是具备开办信托保管业务的资质和能力的商业银行。

3. 甲方委托乙方担任其发行的信托/信托计划的资金保管人，乙方同

意接受委托。据此甲乙双方拟签署《信托保管框架协议》作为双方今后开展甲方发行的信托/信托计划项下的所有资金保管业务的主协议。在本协议有效期内由甲乙双方就每一单一信托/信托计划所签署的《信托保管服务标准协议》或保管操作备忘录的内容均为本协议不可分割的组成部分，应与本协议一起阅读。

双方特此达成协议如下：

第一条　定义和解释

1.1　定义。

信托、本信托是指甲方发行设立的单个独立的信托/信托计划。

信托文件是指与甲方设立的信托相关的文件包括但不限于信托合同、运用风险说明书等。

委托人是指甲方发行的信托的委托人。

信托资金是指信托成立时委托人按照信托文件的规定交付甲方的资金总和，即甲方委托乙方保管的信托成立时信托财产保管账户中的资金总和。若信托成立时为财产信托，则信托资金是指保管账户内的资金。

信托财产是指甲方因信托取得的信托资金，以及甲方因该信托资金的管理、运用、处分或者其他情形而取得的财产总和。

工作日是指乙方对公业务的通常开门营业日，不包括星期六、星期日（因节假日调整而对外营业的除外）或者其他法定节假日。

信托保管服务标准协议是指甲乙双方在本协议项下就每个项目类的单个信托计划签署的保管服务标准协议。项目类是指投资于非证券投资品种的信托或信托计划。

保管操作备忘录是指甲乙双方在本协议项下就每个含证券投资类的单个信托计划签署的保管操作备忘录。证券投资类是指其投资品种含交易所证券投资、开放式基金、银行间市场证券投资、新股申购、其他金融衍生品等证券类投资品种。

场内交易是指甲方设立的信托所从事的交易所证券二级市场投资的交易行为。

证券经纪人是指甲方进行证券二级市场投资时所委托的证券交易中介机构，由证券公司担任。

信托募集期是指首笔募集资金到账日起至信托计划成立日的期间。

信托运作期是指信托成立日至信托终止日的期间。

1.2 法律法规。在本协议中凡提及任何一项法律法规，除非上下文另有规定，应被解释为包括其当前或随后任何有效的修订版本，且仅指中华人民共和国法律法规，为本协议之目的，在此不包括香港特别行政区、澳门特别行政区和台湾地区的法律法规。

第二条　账户开立、募集期资金处理、文件提交

2.1 信托财产保管账户的开立。

在每个信托设立并委托乙方保管时，甲方应当在乙方指定的营业机构为单个信托开立信托财产专户作为信托财产的保管账户（以下简称保管账户），信托资金可一次或分次存入该账户，该账户内资金按同期同业存款利率计息。甲方应配合乙方进行客户号拆分，保管账户应以独立客户号形式开立。

保管账户仅限于存放信托资金、接收信托投资收益、支付信托利益，以及与信托项目相关的税费等，该账户不得透支、提现，保管期间甲乙双方均不得采取任何使该账户无效的行为。保管账户的预留印章中应包含一枚乙方指定的印章。保管账户的开户资料、乙方预留印鉴的印章由乙方在保管期间保管和使用。

2.2 证券交易资金账户的开立。

单个信托进行交易所证券投资时，甲方在证券经纪人处开立证券交易资金账户（以下简称资金账户），专门用于该信托项下证券交易结算资金的存管，记载交易结算资金的变动明细，并与该信托的保管账户建立唯一对应的关联关系。甲方须在第三方存管银行建立保管账户与资金账户之间的资金划转的关联关系，保管期间，甲方不得擅自取消或变更上述账户间的关联关系。

2.3 银行间市场信托专用债券账户。甲方向中央国债登记结算有限责任公司申请开立信托专用债券账户，并向全国银行间同业拆借中心（以下简称交易中心）申请办理交易联网手续。

2.4 资金账户、保管账户、银行间市场信托专用债券账户及其他相关账户信息应于账户开立当日提交乙方指定人员，上述账户一经确定不得更改，如果必须更改，甲方应提前3个工作日，以书面形式告知乙方，并经乙方书面确认后方可更改。

2.5　甲方进行投资时，乙方需为保管账户开通网上银行服务，并为甲方提供账户查询功能，甲方保管一枚网银管理员（经办）密钥，乙方保管一枚网银管理员（复核）密钥。

2.6　募集期资金收款和退回。募集期间保管账户收到的信托认购资金，如发生误入资金需要退回的，甲方按照资金原路退回的原则向乙方发出划款指令，乙方按本协议第四条约定进行划款。募集期甲方可向保管账户存入甲方的资金汇划费、退款资金应付利息等代垫款项。

2.7　在信托保管账户开户当日，甲方应当向乙方提交以下文件、资料（若为复印件需与原件核对无误并加盖甲方授权业务用章）。

（1）信托合同的复印件。

（2）保管账户的开户文件、印鉴变更文件（如有）和预留印鉴样本（该印鉴样本中应包含一枚乙方指定人员的印鉴）。

（3）划款指令授权书（见附件二，针对纸质划款指令）。

（4）_____银行公司网上银行资产托管服务业务授权申请书（如有）（见附件三，针对托管网银划款指令）。

（5）甲方进行投资时，按本协议第2.5条所列授权乙方保管的一枚网银管理员（复核）密钥、第三方存管协议复印件、关联账户信息。

（6）乙方要求甲方提交的其他文件或资料。

2.8　信托计划成立当日，甲方应向乙方提交信托成立通知书（注明信托资金总额，信托起讫日期，可在信托成立当日前一个工作日先提供复印件，若信托分期，则需在信托资金到账前一个工作日向乙方提交每期到账资金金额和划付时间）。

2.9　在进行相关投资前一个工作日内，甲方要向乙方提供以下资料：

（1）甲方进行投资前，向乙方提供为该信托开立的股东卡。

（2）信托进行银行间债券市场投资前，提供加盖甲方公章的乙类账户开户通知书复印件并为乙方提供查询该债券专用账户的用户名、密码。

2.10　信托计划成立前的募集期间，乙方仅配合甲方进行划款操作。乙方实际履行信托保管义务的时间为信托存续期间，即乙方按本协议2.7、2.8、2.9的规定向甲方提交了所有的相关文件且信托资金按约定划入保管账户后，自甲方提交的信托成立通知书中所记载的信托成立起始日为保管起始日，保管终止日根据本协议12.1的规定确定，保管期间为保管起始日到保管终止日的期间。保管期间的展期应由甲乙双方协商后书面确定。保管期间为乙方按照本协议的规定履行保管义务的起止时间。

2.11　若信托未成立，甲方需向乙方提交信托计划不成立的通知，并按本协议2.6的规定办理退款并办理信托保管账户的销户手续。

2.12　信托投资于银行间债券市场时，甲方在买进和卖出债券时需向乙方传真相关的债券成交通知书，在债券交割日向乙方传真交割单。

2.13　在保管期间，甲方委托乙方对保管账户进行控制和管理。未经乙方书面同意，甲方不得自行采取任何可能导致信托财产保管账户、账户的预留印鉴、账户的网银密钥等无效的行为，否则乙方有权拒绝执行相关指令。

第三条　信托资金保管的内容和方法

3.1　乙方在保管期间内。

（1）安全保管保管账户中的资金。

（2）对本信托单独设置账户，确保保管账户与其他账户相分离，确保信托财产的独立性。

（3）建立信托保管账户独立的现金账，完整记录保管账户资金的划拨和往来情况。

（4）完整记录本信托的每笔交易记录。

（5）完整记录信托财产类别及财产账目。

（6）妥善保存甲方提交的资金用途说明及相关补充资料。

（7）监督和核查信托财产管理运用是否符合法律法规规定和合同约定。

（8）对投资交易所市场的证券投资信托产品，定期复核信托公司核算的信托单位净值和信托财产清算报告（净值复核频率在具体项目的操作备忘录中约定）。

（9）监督和核实信托公司报酬和费用的计提和支付。

（10）核实信托利益分配方案。

（11）对投资交易所市场的证券投资信托产品，对信托资金管理定期报告和信托资金运用及收益情况表的财务数据出具意见。

（12）定期向信托公司出具保管报告。

3.2　乙方为履行本协议项下保管责任时所发生的汇划费用，乙方有权在发生该等费用时从保管账户中直接扣收相应的汇划费用款项后再执行相关的划款指令。当保管账户中的余额在乙方扣划了相应的汇划费用后将不足以对外划付时，乙方有权不执行甲方的划款指令，直至甲方在保管账户中补足相应的款项。

3.3　单个信托在证券交易所交易的资金均采用第三方存管模式，即甲方用于证券交易结算的资金全额存放在资金账户内，乙方不负责办理资金信托的场内证券交易资金清算，乙方不负责保管资金账户内存放的资金。

3.4　乙方在根据甲方划款指令完成划款后，可根据甲方需要定期将相关划款凭证的甲方联交付给甲方。

第四条　划款指令的提交和执行

4.1　划款指令的内容。

4.1.1　划款指令是指在运用信托资产进行投资、支付相关费用以及信托募集期和运作期间发生资金退回、信托利益分配时，甲方向乙方发出投资资金划拨和其他款项划拨的书面指令。

4.1.2　划款指令根据提交形式不同分为纸质划款指令和托管网银划款指令，根据用途不同分为银证转账划款指令和非银证转账划款指令。

4.1.3　纸质划款指令的具体格式见附件一。

4.2　划款指令的授权。

4.2.1　针对纸质划款指令，甲方应事先提交划款指令授权书（格式见附件二），指定有权签署划款指令的人员名单、权限，同时预留印鉴和签字样本。签署划款指令的人员只限于划款指令授权书中的授权签发人员。其名单或权限有变化时，甲方应提前3个工作日以加盖甲方公章确认的书面文件通知乙方并提供新的印鉴和签字样本，该变更将在乙方收到正式书面通知后正式生效。

4.2.2　针对托管网银划款指令，甲方应事先提交_____银行公司网上银行资产托管服务业务授权申请书（格式见附件三），乙方根据甲方申请为其在本协议项下的单个信托计划开通网上银行资产托管服务功能，乙方仅对甲方的一个网上银行客户号开通上述网上银行资产托管服务功能。甲方和乙方在使用网上银行资产托管服务过程中的权利、义务和责任按照甲方与乙方签订的＿＿＿＿＿＿银行公司网上银行业务服务协议执行。若托管网银授权发生变更，甲方需向乙方提交＿＿＿＿＿＿银行公司网上银行资产托管服务业务授权变更通知书（格式见附件四）。

4.2.3　如果甲方授权人员名单、权限有变化，未能按本协议约定及时通知乙方并预留新的印鉴和签字样本而导致信托财产受损的，乙方不承担责任。

4.3　划款指令的提交。

4.3.1　纸质划款指令。

（1）非银证转账业务指令格式见附件一（甲方划款指令1），银证转账业务指令格式见附件一（甲方划款指令2）。

（2）非银证转账业务甲方可在划款当日的12时前提交划款指令及附件。若因甲方原因无法于12时前提交划款指令，乙方在收到指令后也应积极配合甲方尽可能进行划款处理，但不保证当日划款处理能够成功。

（3）对于银行间市场交易的划款指令提交时间应为划款当日的14时前，甲方提交划款指令需同时提交相关债券成交通知单。

（4）银证转账业务指令须于划款当日10时45分前提交甲方。

（5）甲方一般应提交纸质划款指令原件。甲方若以传真方式提交纸质划款指令，应与乙方通过电话确认指令内容，乙方在双方电话确认后，将以传真指令作为乙方进行划款操作的依据。

4.3.2　托管网银划款指令。

（1）甲方按照其与乙方签署的＿＿＿＿＿＿银行公司网上银行业务服务协议中的约定方式登录托管网银系统填写并提交划款指令。

（2）非银证转账和银证转账业务划款指令须于划款当日10时45分前提交。

（3）发起托管网银划款指令时，如需提供本协议约定的相关附件（按附件一注中要求提供），则需在网银指令发起之前或同时以传真方式提交。

4.4　划款指令需满足以下所有的执行条件。

（1）甲方在划款指令的资金用途说明一栏已填写完整，与保管服务标准协议或保管操作备忘录规定的具体用途一致并附相关证明文件。

（2）划款指令金额与指令所附证明文件中约定的金额一致、划款指令中的收款人和收款账户信息与所附证明文件中约定的收款人和收款账户信息一致（若有）。

（3）划款指令所指定的划款金额及其汇划费用合计不超过保管账户或资金账户的资金余额。

（4）若指令所附文件未约定收款账户信息的，划款指令中的收款人应与保管服务标准协议或保管操作备忘录约定的投资对象一致。

（5）甲乙双方已电话核对划款指令内容。

（6）对于本协议2.6约定的募集期及运作期间发生退款的划款指令，如需退回误入期间利息，甲方需在划款指令上分别列明本金金额、应退回资金的入账日期和利息金额。

4.5　划款指令的执行。

4.5.1　非银证转账业务。

（1）乙方指定人员对纸质划款指令或托管网银划款指令进行形式审查，验证指令的书面要素是否齐全、审核印鉴和签名，根据单个信托计划服务标准协议的具体约定进行监督，无误后乙方通过托管业务清算直联系统办理划款。

（2）对于募集期及运作期间的退款，甲方负责核实并按照原路退回原则向乙方发送划款指令并需在资金用途一栏中注明原因，乙方根据甲方划款指令执行划款。

如有利息，需分别注明退回的利息和本金金额。

4.5.2　银证转账业务。

（1）银证转账业务是指甲方的场内证券交易结算资金在保管账户和资金账户之间进行资金调拨。调拨资金分为资金账户向保管账户调拨（以下简称证转银）、保管账户向资金账户调拨（以下简称银转证）。

（2）银证转账业务通过乙方公司网上银行第三方存管业务模块办理划款，由甲乙双方共同执行。乙方为保管账户开立公司网上银行。网银密钥开立2枚，甲方保管业务经办密钥，乙方保管业务复核签发密钥。甲方提交划款指令的同时，通过网上银行进行网银划款，划款当日10时45分前完成操作完毕，乙方接到指令通知后立即进行网银复核操作并在一个工作小时内完成划出。办理证转银划款时，甲方提交划款指令后在网银端发起操作，经办后电话通知乙方，乙方配合甲方在网银复核端完成划转确认操作，乙方不对交易资金台账资金头寸控制负责。

（3）每笔银证转账划款在网银上只能发起一次划款操作，乙方应对甲方发起的网上指令与划款指令复核，不一致的应不予以执行，并立即通知甲方，若同一笔业务因甲方操作不当发生重复发起，甲方需立即告知乙方相关发起信息。甲乙双方若任意一方发生网银故障，需立即通知对方，双方按应急划款方式进行处理。

双方均有义务配合对方发起、为保证保管协议项下的保管业务顺利开展而必须办理的保管账户网银授权的变更事项。

4.5.3 乙方执行甲方发出的划款指令，应以保管账户和资金账户内实际可用资金为限，乙方不为甲方资产垫资，对于超出保管账户实际资金头寸的划款指令，乙方有权不予执行，但应立即通知甲方，由此造成的损失乙方不承担责任。

4.6 应急处理

4.6.1 当乙方的托管网银系统出现故障等特殊情况不能提交网银划款指令时，甲方向乙方提交纸质指令，在特殊情况下需要以传真方式发送指令前，甲方应以电话和邮件通知乙方。

4.6.2 当乙方的托管业务清算直联系统遇有故障或其他突发情况无法进行非银证转账划款，乙方的公司网银系统发生故障或其他突发情况无法进行银证转账划款时，乙方按以下应急方式划款：甲方事先向乙方提供加盖甲方预留印鉴的划款凭证，发生应急划款时，乙方对指令进行确认后在划款凭证上加盖乙方印鉴，通过乙方柜面办理划款。

4.7 相关责任。

4.7.1 乙方正确执行甲方的合法合规且符合本协议约定的划款指令，甲方信托资产发生损失的，乙方不承担责任。乙方未能及时或正确执行合法合规且符合本协议定的划款指令而导致甲方信托资产受损的，乙方应承担相应的责任。

4.7.2 如果甲方的划款指令存在事实上未经授权、欺诈、伪造情形，只要乙方根据本协议验证有关印鉴与签名无误，乙方不承担因正确执行有关指令而给甲方或任何第三人带来的损失。

4.8 在本协议有效期内，如上海证券交易所、深圳证券交易所清算制度或乙方业务系统发生变化，甲方、乙方应积极协商，对本协议约定的划款程序进行相应调整。

第五条 双方的权利和义务

5.1 甲方的权利。

（1）根据本协议及信托文件的规定对信托资金进行管理、运用。

（2）了解保管账户的收支、余额等情况。

（3）根据本协议的有关规定向乙方发出划款指令。

（4）法律法规规定的及本协议约定的其他权利。

5.2 甲方的义务。

（1）在合法合规的前提下，应乙方要求为其提供开展保管业务所需的各项必需的协助。

（2）信托若不能成立，应当在信托推介期满后的3个工作日内书面通知乙方。

（3）保证提供给乙方的一切文件资料均为真实、完整、准确、合法、有效的，没有任何重大遗漏或误导，并保证本协议与相关信托文件之间不存在任何冲突。

（4）确保信托及其项下的各类投资交易的合法有效性，并已履行了相应的报批或报备程序。

（5）确保将本协议中乙方履行的保管职责向信托的委托人及/或受益人进行真实完整的披露。

（6）出现重大违法违规或者发生或可能发生严重影响信托财产安全的事件时，需在其知晓该等情况起3个工作日内书面通知乙方。

（7）定期向乙方提交需乙方出具意见的信托资金管理定期报告和信托资金运用及收益情况表。

（8）法律法规规定的及本协议约定的其他义务。

5.3 乙方的权利。

（1）根据本协议的规定，在保管期内行使对保管账户中信托资金的保管权和监督权。

（2）按照本协议的规定，及时足额地收取保管费。

（3）法律法规规定的及本协议约定的其他权利。

5.4 乙方的义务。

（1）在保管期内安全保管信托保管账户的现金财产。

（2）对所保管的不同信托分别设置账户、确保信托财产的独立性。

（3）确认与执行信托公司管理运用信托财产的指令，核对信托财产交易记录、资金和财产账目。

（4）记录信托资金调拨情况，保存信托公司的资金用途说明。

（5）定期向信托公司出具保管报告。

（6）甲乙双方约定的其他职责。

第六条 保管人对信托公司的业务监督与核查

6.1 乙方（保管人）有权按照保管服务标准协议或保管操作备忘录约定的投资范围就甲方对信托的资金运用进行监督与核查。

6.2 乙方按本协议第2.9条第（2）项甲方所提供的查询工具，与甲方定期核对该信托项下银行间市场债券明细。

6.3 若乙方发现甲方的划款指令违反法律法规、本协议的规定时，乙方有权拒绝执行，并立即以书面形式通知甲方及时改正。若甲方未在规定时间内予以改正的，乙方可直接向当地监管部门报告。

6.4 乙方负责根据保管服务标准协议或保管操作备忘录约定监督信托利益的到账情况，甲方应在保管服务标准协议或保管操作备忘录中列明信托利益的预计到账日期和金额，或在信托利益到账前书面通知乙方信托利益的预计到账时间和金额，若乙方发现未在保管服务标准协议或保管操作备忘录约定或甲方通知的时间足额到账，应及时以电话或书面方式通知甲方，由甲方负责催收，乙方予以协助。若甲方不能提前通知乙方信托利益的到账情况，乙方将不负责监督。

6.5 甲乙双方在保管服务标准协议或保管操作备忘录中约定的各类计算公式中若包含乙方从保管账户中不可直接获得的数据或实际无法计算的内容，则乙方不对该计算公式的计算结果承担复核责任。

6.6 当发现甲方有重大违法违规行为或者发生严重影响信托财产安全的风险或危机事件时，乙方在书面通知甲方同时，有权直接报告当地监管部门。

6.7 甲方应为乙方履行上述监督与核查职责提供一切必要的配合和便利，并不得阻碍或提供虚假信息。

第七条 独立性

7.1 甲方特此确认，乙方按照本协议的规定履行相应保管义务。

（1）对甲方提交的划款指令及资金用途证明文件的表面真实、完整、有效进行审核确认；并在确认前述交易行为符合本协议的规定、相关计算准确无误的情况下，按照甲方的划款指令进行划款。

（2）对于因执行甲方划款指令或执行指令的过程中非乙方原因所造成的各类信托财产的损失不承担任何责任。

（3）因甲方提交的划款指令、资金用途说明等文件及相关附件以及与之相关的交易本身的合法性及有效性的问题导致的任何侵权、损害赔偿及其他民事、刑事及其他法律责任，乙方不承担任何责任。

7.2　一旦发生本协议第6.5条所述事项导致司法或行政干预，乙方有权将其视为不可抗力，并按照本协议第12.2条的有关规定终止保管。

7.3　乙方对信托资金的保管并非对信托本金或收益的保证或承诺，乙方不承担本信托的投资风险。

7.4　甲乙双方承诺不采取任何非本协议约定之方式对保管账户内资金进行划转。如因非乙方原因导致信托财产受到损失的，乙方不承担责任。

第八条　费用及报酬

8.1　对于在信托财产管理、运用和处分的过程中产生的各项费用（除本协议第8.2条约定的费用外），按照保管服务标准协议或保管操作备忘录中约定的方式进行计算和支付。

8.2　银行汇划费和其他银行手续费，可按实际发生额从信托财产中直接扣除，无须甲方向乙方为此发出划款指令；支付银行间同业拆借市场及中债登公司的结算和交易费用需甲方向乙方发出划款指令，且对于中债登公司的结算和交易费用的划款指令甲方还需随附中登公司的收费通知。

8.3　若乙方保管的信托是甲方和乙方合作发行的人民币理财产品（单一信托），应在保管服务标准协议或保管操作备忘录中列明。甲方支付除保管费、信托报酬、银行间同业拆借市场、中债登公司的结算和交易费用以外的各项费用时，除提交划款指令外，还须同时向乙方提供委托人的书面确认文件。

8.4　若支付除信托报酬、保管费、银行手续费外的各项费用，乙方支付依据是甲方划款指令和甲方提供的加盖其业务专用章的费用发票复印件（或其他付费证明文件）；对于信托文件中规定信托费用按比例包干支付的，乙方的划款依据仅为甲方的划款指令。乙方不对该费用的合理性作出判断。

8.5　信托报酬由甲方计算并向乙方发出划款指令，乙方根据保管服务标准协议或保管操作备忘录约定的计算方式进行复核，无误后划往保管服务标准协议或保管操作备忘录中的指定账户，若计算公式中数据乙方无法直接获取，则以甲方计算结果为准。

8.6　乙方保管费为乙方根据本协议履行保管责任所收取的手续费，根据保管服务标准协议或保管操作备忘录约定的计算公式和支付方式收取，保管时间不足约定收费期限的，按照实际提供服务的天数计算。若信托延期，信托保管期间顺延，顺延期间保管费按日计算。由甲方计算并向乙方发出划款指令，乙方复核无误后办理划款。

8.7　保管费由信托财产承担，若甲方未能按期向乙方发出的划款指令，乙方有权从保管账户中主动扣收。在保管账户中没有资金或资金余额不足以支付保管费时，由甲方负责支付或予以补足并由甲方直接支付给乙方，乙方保管的信托是甲方和乙方合作发行的人民币理财产品除外。甲方支付后就该部分保管费有权在信托财产中优先受偿。

第九条　信托利益分配

9.1　信托利益由甲方计算并向乙方发出划款指令并提供加盖公章的信托利益分配方案（如有）或信托不成立通知（不包括募集期误入资金退回），乙方仅对划款指令列明的分配总额进行核对，无误后根据划款指令划往甲方指定账户。

9.2　若甲方指令乙方将信托财产直接分配或退回到每个受益人账户的，甲方应将信托受益人分配明细清单及/或代发盘片提交乙方或按乙方要求以符合其内部规定的方式提交相关文件，该文件内容包括受益人名称、受益人账号、身份证号码及分配金额，电子文件与书面文件应完全一致，甲方应于书面文件加盖预留印鉴。乙方复核后按甲方指令进行分配，乙方的经办分支机构应于甲方提供信托利益或信托资金兑付明细信息的2个工作日内（如当日为非银行工作日则顺延至第一个银行工作日），按照甲方提供的明细信息进行分配信托利益或信托兑付资金，将资金划入明细信息所列受益人账户。

9.3　甲方应保证于距确定的信托利益分配或退回实施日之前1日或距确定的信托资金兑付实施日之前1日，信托利益分配资金或者信托兑付资金已划入信托托管账户。

第十条　禁止行为和违约责任

10.1　禁止行为。

（1）除依据《信托法》及其他有关法律法规和信托文件的规定外，甲方不得为自己及任何第三人谋取不当利益。甲方违反此规定，所得利益归信托财产所有。

（2）除信托文件另有规定外，甲方不得将信托财产转为其固有财产，或违反信托文件规定，或将不同信托财产进行相互交易。甲方违反此规定，应承担相应的责任，包括但不限于在可行的情况下恢复相关信托财产的原状、承担赔偿责任。

（3）除依据《信托法》及其他有关法律法规和信托文件的有关规定外，乙方不得委托第三人保管信托财产。

（4）除根据本协议有关规定外，甲方不得对保管账户内的资金进行划转。同样，乙方在未收到甲方划款指令的情况下亦不得擅自处分保管账户中的财产（但本协议另有约定的除外）。

（5）乙方不得拖延或拒绝执行甲方的符合本协议及有关法律法规规定的划款指令，但发生本协议第11.1条规定情形的除外。

10.2　本协议任何一方违反本协议的规定即构成违约，由此而给另外一方或信托财产造成实际损失的，应承担相应的赔偿责任，但发生本协议第11.1条规定情形的除外。

10.3　违约行为已经发生，但本协议仍能够继续履行的，在保护本协议守约方合法权利的前提下，各方当事人应当继续履行本协议规定的各项义务。

第十一条　不可抗力事件

11.1　在保管期间，下列事件构成不可抗力事件：因法律法规的变化，政府干预，国家重大政策调整，任何通信或电脑系统故障、停止运作或瘫痪，战争，以及火灾、暴雨、地震、飓风等自然灾害等原因导致乙方无法履行本协议项下的义务。

11.2　在保管期间，如果发生上述不可抗力事件，乙方应及时通知甲方，并在合理期限内提供其受到不可抗力影响的证明，同时采取适当有效的措施防止损失扩大，并尽可能保存有关的凭证、账册、记录、协议和各种资料、文件，但对甲方因此所发生的损失乙方不承担任何责任。

第十二条　保管终止

12.1　保管终止日为下述日期中先到之日。

（1）信托期限（如有不同期限，以最长期限为准）届满、中止或按信托文件规定提前终止。

（2）发生本协议第十一条所规定的不可抗力事件，乙方丧失履行保管职责的能力且在信托存续期间难以恢复的，甲乙双方均可提出终止本协议，但在信托财产转交到新的保管人之前，乙方仍应在可行的范围内履行保管职责。

（3）在未发生不可抗力的情况下，双方协商一致终止保管，并由乙方将保管账户资金余额划入接替乙方的保管人的保管账户之日。

12.2　发生本协议第12.1条第（2）、（3）项规定的情况时，乙方应当向甲方发出书面通知，自通知发出之日起，乙方应当给予甲方不少于30个工作日的时间以确定接替的保管人，在此期间，乙方仍须根据本协议的规定履行义务，一旦确定接替保管人，甲乙双方对保管账户进行复核无误后，乙方应当按照甲方的指示，将保管账户资金余额划入甲方开立于接替保管人的保管账户，并将该所有保管的信托文件及相关资料以书面形式移交接替保管人。

12.3　发生本协议第12.1条第（1）项规定的保管终止的情况时，甲方应在3个工作日内书面通知乙方并提供清算报告。乙方配合甲方办理信托清算的有关事宜。如发生可能引起信托提前终止的事项，甲方应及时通知乙方，以便乙方做好清算准备。

12.4　发生本协议第12.1条第（1）项规定的保管终止时，除非甲方的书面指令中另有要求，对于保管账户中的资金余额，乙方扣除其应收的保管费和银行汇划费用，按照清算报告和划款指令将指定金额分别划入甲方指定账户，办理保管账户销户（现金清算）或办理印鉴变更和非现金信托财产文件移交（非现金财产清算）等手续后，乙方的保管责任全部解除。甲方应当配合乙方办理保管账户的销户和移交等手续。

12.5　因一方当事人原因导致本信托终止后20个工作日内无法完成清算划款、销户和信托财产移交的，由责任方承担相关责任。若因甲方原因导致无法在信托终止后的20个工作日内进行清算划款、销户和信托财产移交的，乙方即不再对信托财产负有保管责任，但可继续配合甲方办理相关资金划付和信托财产移交手续，由此产生的相关费用和责任由甲方承担。若因乙方原因导致无法在信托终止后的20个工作日内进行清算划款、销户和信托财产移交的，由此产生的相关费用和责任由乙方承担。

第十三条　对账和保管报告的出具

13.1　当单只信托投资范围为非交易所证券投资时，甲乙双方应在保管账户资金发生变动的当日进行资金核对。

13.2　当单只信托投资范围含有交易所证券投资时，甲方应在每个交易日与乙方核对上日保管账户和资金账户的余额。

13.3　甲乙双方应定期核对保管账户的余额、交易记录和信托财产账目。如发现不符，应及时查找原因，并由出错一方纠正。乙方可根据甲方需要及时告知甲方保管账户的余额。

13.4　保管期间，乙方按季（会计季度）为每个信托编制保管人报告。乙方应在每季后第一个月的前10个工作日内向甲方提交保管报告（保管报告的内容与格式见附件五）。

13.5　保管报告要反映报告期本信托资金变动的情况，以及报告期间是否发现甲方违反保管协议的行为及其处理情况等。

第十四条　通知

14.1　本协议项下的各项通知或者指令（网银指令除外）均应采用书面方式，与预留的印鉴相符的通知或者指令以书面发出者为有效的通知或者指令。

14.2　以书面形式提交的通知或者指令，应专人送达或挂号邮寄至以下地址，如果相关信息发生变动，变动的一方应当提前2个工作日通知对方。

乙方：　　　　　　　　　　甲方：
地址：　　　　　　　　　　地址：
邮编：　　　　　　　　　　邮编：
电话：　　　　　　　　　　电话：
传真：　　　　　　　　　　传真：
收件人：　　　　　　　　　收件人：

第十五条　法律适用、生效及其他

15.1　有关本协议的签署、履行及任何争议，均适用中华人民共和国法律（为本协议之目的，在此不包括香港特别行政区、澳门特别行政区和台湾地区的法律），并按其解释。本协议项下的任何争议，各方应当友好协商解决，若协商不成，乙方住所地的人民法院具有司法管辖权。

15.2　本协议经双方法定代表人/负责人（或者授权代理人）签字或盖章，并加盖公章或合同专用章后生效。本协议有效期1年。本协议到期，双方如无异议，本协议自动顺延1年，以此类推，本协议不受顺延次数限制。除本协议另有规定外，任何一方需提前终止本协议，需在本协议到期前1个月通知对方，经双方协商一致后终止本协议。

本协议终止后，在本协议有效期间发生的尚未终止的信托仍适用本协议及保管服务标准协议或保管操作备忘录的规定。

15.3　甲方发起设立投资范围为项目类投资的单只信托时，甲乙双方需就该只信托的名称、期限、投资范围、收益到账时间、费用计算方式与支付方式等内容另行签署信托保管服务标准协议。甲方发起投资范围含交易所证券投资的单个信托时，甲乙双方及甲方指定的证券经纪人需就该只信托另行签署保管操作备忘录。乙方按照本协议和保管服务标准协议或保管操作备忘录的具体约定履行单只信托的保管义务。

15.4　上述信托计划保管服务标准协议或操作备忘录均为本协议的附属法律文件，前述文件和根据本协议的附件格式所签署的文件均为本协议不可分割的组成部分，并在其签署时生效，与本协议具有同等法律效力。

15.5　如果在本协议有效期内出现影响或限制本协议约定的信托资金管理投资范围的法律法规及政策，双方应立即对本协议进行协商和修改。

15.6　如果本协议任何条款与法律法规规定不符而构成无效或不可执行，并不影响本协议其他条款的效力。在出现这种情况时，双方应当立即进行协商，谈判修改该条款。

15.7　本协议正本一式四份，由甲乙双方各执贰份，每份具有同等法律效力。

第十六条 其他约定条款

附件一

甲方划款指令1——非银证转账划款指令（格式）

第____号

致：_____银行股份有限公司____分行

根据贵我双方签署的《资金信托保管协议》（编号：____）之约定，特向贵行申请就该协议项下的保管账户进行如下划款：

申请时间：____年____月____日

单位：元

注：提交划款指令时，属于贷款类的资金划拨，应同时提交贷款协议等债权投资证明材料为附件；属于股权投资类的，应提交股权投资或增资协议及其他股权投资证明材料为附件；其他投资应提交相关的投资合同、购买合同为附件；属于收益支付应提交分配方案为附件；属于费用支付应提交相应的合同或发票。属于银行间市场交易应提交相应的成交通知单。上述材料凡是复印件的应加盖信托公司公章并保证原件与复印件的一致性。

甲方划款指令2——银证转账划款指令（格式）

第____号

致：_____银行股份有限公司____分行

根据贵我双方签署的《资金信托保管协议》（编号：____）之约定，特向贵行申请就该协议项下的保管账户进行如下划款：

申请时间：____年____月____日

单位：元

重要提示：发行接此指令后，经审核无误应按照指令条款进行划款。

附件二

划款指令及相关业务授权书（格式）

致：_____银行股份有限公司____分行

兹就贵行与我司于____年____月____日签署的编号为____的《资金信托保管协议》（以下简称保管协议）出具本函。

保管协议中所定义的词语在本函中应具有相同的含义。

在保管协议有效期内，我司特对下述人员及印章的授权事宜说明如下：

1. 我司特此授权下列人员于____年____月____日至____年____月____日，代表我司签发本协议项下的有关划款指令。

授权签发人（预留签字或名章）：

划款指令签发业务章（预留印鉴章）：

2. 我司特授权下述业务专用章为日常与贵司业务往来时出具的函件、通知等使用的有效印章。

业务专用章（预留印鉴）：

信托公司（公章）：

法定代表人（签字或盖章）：

日期：____年____月____日

附件三

_____银行公司网上银行资产托管服务业务授权申请书（格式）

_____银行股份有限公司：

我司与贵行签订了《资金信托保管协议》（编号：_____），并向贵行申请开通该协议项下_____银行、公司网上银行资产托管/保管业务服务，申请单位、被授权使用单位及其权限如下：

1. 被授权信托组合1名称：_____授权起始日期：_____被授权单位客户号：_____

2. 被授权信托组合2名称：_____授权起始日期：_____被

授权单位客户号：＿＿＿＿＿＿＿＿

　　注：授权模块请以"√"方式标注在相应表格中。

　　特此授权。

　　公司（公章）：

　　法人代表或授权代理人（签字或盖章）：

　　　　　　　　　　　日期：＿＿＿年＿＿＿月＿＿＿日

　　附件四

＿＿＿＿＿＿＿＿＿＿银行公司网上银行资产托管服务业务授权变更通知书（格式）

＿＿＿＿＿＿＿＿＿＿银行股份有限公司：

　　我司与贵行签订了《资金信托托管协议》（编号：＿＿＿），并于＿＿＿年＿＿＿月＿＿＿日向贵行出具了《＿＿＿＿＿＿＿＿＿＿银行公司网上银行资产托管服务业务授权申请书》，申请开通了该协议项下＿＿＿＿＿＿＿＿＿＿银行公司网上银行资产托管业务服务。我司决定变更原授权内容，变更后授权如下：

　　1. 被变更授权信托组合1名称原授权失效日期：＿＿＿＿＿＿＿＿＿＿变更授权起始日期：＿＿＿＿＿＿＿＿＿＿被变更授权单位客户号：＿＿＿＿＿＿＿＿

　　2. 被变更授权信托组合2名称（若有）原授权失效日：＿＿＿＿＿＿＿＿变更授权起始日期：＿＿＿＿＿＿＿＿＿＿被变更授权单位客户号：＿＿＿＿＿＿＿＿

　　注：重新授权请以"√"方式标注在相应表格中。取消授权则在相应表格中注明"取消"字样。特此变更。

　　公司（公章）：

　　法人代表或授权代理人（签字或盖章）：

　　　　　　　　　　　日期：＿＿＿年＿＿＿月＿＿＿日

附件五

资金保管报告（格式）

保管人报告

编号：_____

信托名称：_____报告期间：_____

1. 信托资金变动情况。

2. 报告期间是否发现甲方违反保管协议的行为及其处理情况等。

3. 其他重大事项说明。

_____银行股份有限公司____分行

日期：____年____月____日

附

保管账户资金对账单

签署页（此页无正文）

本协议由以下双方于下述日期签署。双方确认，在签署本协议时，双方已就全部条款进行了详细的说明和讨论，双方对本协议的全部条款均无疑义，并对当事人有关权利义务与责任限制或免除条款的法律含义有准确无误的理解。

甲方（公章或合同专用章）：

法定代表人（或授权代理人）签字或盖章：

主要营业地址：_____邮编：_____电话：_____传真：_____电子邮件：_____联系人：_____

签署日期：____年____月____日

乙方（公章或合同专用章）：

法定代表人（或授权代理人）签字或盖章：

主要营业地址：_____邮编：_____电话：_____传真：_____电子邮件：_____联系人：_____

签署日期：____年____月____日

第二招 棚户区改造贷款配套存款

【目标对象】

存款的目标对象是相关部门、棚户区改造公司及承担棚户区改造项目的开发商。

对于棚户区改造项目地方相关部门会投入较大的资源，银行应当关注这类项目。棚户区改造项目，银行会有较大金额信贷投放的机会，同时代发棚改拆迁款会给银行带来较高的储蓄存款回报。

【使用产品】

使用产品包括棚户区改造专项贷款、理财服务和棚户区改造项目发债业务。

1. 棚户区改造专项贷款。棚户区改造项目贷款资金风险较小，银行需要考虑如何确保开发商专款专用，并做到后续到位资金的封闭扣回即可。

2. 理财服务。棚户区改造后，大部分居民都会得到安置房，同时会有一定的拆迁补偿款，银行可以积极营销拆迁补偿款代发业务，以及后续的理财服务。

3. 棚户区改造项目发债业务。相关部门对棚户区改造项目都很支持，一般会提供发债支持。这类企业发债较为容易，银行可以做好发债资金的存管业务。

【贷款条件】

1. 棚户区改造公司及承担棚户区改造项目的开发商必须符合以下条件。

（1）已经取得了地区、市级、市级以上政府或经其授权的区级政府授予权利去从事城市棚户区改造的相关文件。

（2）信用等级在 A＋或 A＋以上，实际收入在 5000 万元或 5000 万元以上，或者其所有者权益在 2 亿元以上，并且要有房地产开发资质；如果借款人为项目公司的，实收资本或所有者权益应该在 5000 万元以上，并且其中的控股股东必须符合上述规定。

（3）借款人或者借款人的控股股东有多年的房地产开发经验，与贷款银行合作过多年，不仅诚信度高，还有良好的品牌和市场影响力。

（4）产权清晰，法人治理结构健全，经营管理非常规范，经济实力较强，财务状况良好。

（5）具有企业法人营业执照，并且已经办理年检手续。

（6）要有贷款证或贷款卡，并在银行开立基本账户或一般账户，无不良信用记录。

（7）其他相关条件。

2. 贷款项目必须符合以下条件。

（1）符合城市总体的发展规划和纳入政府棚户区改造年度计划，并且要取得相关政府部门的专项规划批准文件。

（2）要与95%（含）以上的建筑面积的业主签订拆迁补偿安置协议，还要确保能够获得房屋拆迁许可证。

（3）该项目的资本金不能低于项目总成本的30%，并且在贷款发放之前就要投入使用。

（4）项目的位置好，周边设施配套齐全，交通足够便捷。预计销售的前景比较好，盈利能力较强，还款来源充足。

（5）在棚户区拆迁完成后，要与借款人在项目地块开发建设、销售商品房。

（6）其他贷款人的相关要求。

3. 贷款时借款人需要提供的资料。

（1）政府授权棚户区改造的相关文件。

（2）借款人的营业执照、组织机构代码、开发资质等级证书与最近年度的年审证明。

（3）借款人的验资报告和公司章程。

（4）借款人贷款证或打款卡。

（5）近3年的财务报表及最近1个月的财务报表。

（6）董事会或其相应决策机构同意借款的决议。

（7）其他资料。

【存款量分析】

存款量起步在5000万元以上，棚户区改造项目一般投资金额较大。

【开发难度】

相关部门非常在意这类项目的顺利进展，与银行配合的意愿度较高，开发难度不大。

【业务优势】

棚户区改造贷款是为支持重点项目建设，银行向借款人发放的用于对棚户区进行拆迁、土地整理和居民安置房建设以及项目配套商品房、商业设施建设的贷款。

【适用客户】

相关部门授权、委托或认可的负责组织实施棚户区改造的企事业法人，或者相关部门授权的负责为棚户区改造项目融资的企事业法人。

【产品特点】

贷款期限相对较长；用于解决棚户区拆迁、土地整理和居民安置房、项目配套商品房、商业设施建设的融资需求。

【政策依据】

国务院关于进一步做好城镇棚户区和城乡危房改造及配套基础设施建设有关工作的意见（节选）

国发〔2015〕37号

发挥开发性金融支持作用。承接棚改任务及纳入各地区配套建设计划的项目实施主体，可依据政府购买棚改服务协议、特许经营协议等政府与社会资本合作合同进行市场化融资，开发银行等银行业金融机构据此对符合条件的实施主体发放贷款。在依法合规、风险可控的前提下，开发银行可以通过专项过桥贷款对符合条件的实施主体提供过渡性资金安排。鼓励农业发展银行在其业务范围内对符合条件的实施主体，加大城中村改造、农村危房改造及配套基础设施建设的贷款支持。鼓励商业银行对符合条件的实施主体提供棚改及配套基础设施建设贷款。

【案例】

××银行××分行棚户区贷款存款

××银行为××市棚户区改造项目（以下简称棚改项目）提供贷款9.9亿元，2010年，银行发放首批棚改项目贷款金额高达29.65亿元，梳理 56 个地块，涉及面积达 500 多万平方米，4 万多户。

一、棚改项目风险可控

1. 银行在之前棚改项目的经验上，认为风险保障性比较强。

2. 棚改项目有相关部门的信用、土地整理作为担保，××市政府保证偿还贷款。

3. 银行与相关部门都签订了封闭管理协议，贷款资金用以拆迁补偿和回收地块的熟化，每个地块都对应着一个监管账户，土地实现现金回流后，通过这个监管账户优先归还银行贷款。

二、棚改项目为银行带来其他经济效应

1. 派生存款。棚改项目贷款累计派生了 23 亿元存款。2010 年的 29.65 亿元贷款，涉及 56 个棚改项目，预计可沉淀资金 50 亿元，存入专项账户的土地出让金收入预计可沉淀资金 20 亿元。

2. 衍生业务。通过拆迁款发放到个人客户的账户，通过销售理财产品、VIP 服务等派生业务。

3. 拓宽客户基础。除棚改居民户存款及相关个贷业务拓展外，通过棚改项目，银行还与相关部门建立了良好的关系。

【文件示范】

××省财政厅××省住房和城乡建设厅

关于印发《××省棚户区改造国家开发银行

专项贷款资金管理办法》的通知

各市州财政局、房地产（住房保障）局、住房和城乡建设局：

为贯彻落实《国务院关于加快棚户区改造工作的意见》（国发〔2013〕25 号），加强贷款资金管理，保障全省棚户区改造工作的顺利进行，我们制定了《××省棚户区改造国家开发银行专项贷款资金管理办法》，现印发给你们，请遵照执行。

附件：××省棚户区改造国家开发银行专项贷款资金管理办法

××省财政厅××省住房和城乡建设厅

××××年××月××日

附件

××省棚户区改造国家开发银行
专项贷款资金管理办法①

第一章　总　则

第一条　为加强棚户区改造贷款资金管理，规范贷款操作程序，遵循"统一评级、统一授信、统借统还、政府推动、市场化运作"的总体原则，制定本办法。

第二条　本办法中的棚户区改造是指××省纳入国家2013～2017年棚户区改造规划的棚户区改造项目。

第三条　本办法中的贷款资金是指国家开发银行股份有限公司××省分行（以下简称省开行）为实施××省棚户区改造所发放的专项贷款资金。

第四条　贷款资金使用范围包括改造地块的征地，房屋征收（拆迁），土地平整、道路、供水、供电、供气、排水、通信、照明及绿化等配套基础设施建设，以及安置支出等。

第二章　贷款原则和内容

第五条　贷款原则

（一）统筹安排与动态调整并行。统筹考虑各市（州）所承担的棚户区改造任务量以及地方政府的债务风险程度，对各市（州）贷款额度进行安排。同时，在实施过程中根据各地棚户区改造项目实施及贷款核准进度、贷款管理情况等进行动态调整。

（二）专款专用。贷款资金必须严格按照规定的范围使用，不得用于项目范围外以及其他商业开发建设项目。

（三）按期偿还。省级借款主体负责统筹还款，贷款市（州）负责筹措还款资金。贷款市（州）要认真履行还款义务，按照合同约定按时足额还本付息。如省级借款主体及贷款市（州）不能按时足额还本付息，由省

---

① 资料来源：互联网。

财政对市（州）财政的转移支付扣款进行偿还。

（四）封闭运行。对贷款资金使用过程中涉及的借款人、用款人、施工单位及供货商等主体，均应在省开行或省开行指定的银行开立专项账户，实现贷款资金的全封闭管理。

第六条　贷款内容

（一）借款主体

省政府指定××省棚户区改造投资有限公司（以下简称省棚改公司）作为全省统筹贷款的省级借款主体，承担全省统筹贷款的融资、日常管理等责任。市（州）政府承担借款资金的还款责任，指定其辖区内一家政府投融资公司作为棚户区改造项目市（州）借款主体，其条件应符合银行与监管部门要求。省开行与省、市（州）借款主体签订三方借款合同。

（二）贷款利率及期限

贷款利率及期限按照国家开发银行棚户区改造专项贷款利率及期限执行。目前贷款年利率执行 4.995%、贷款期限不超过 25 年。

（三）资本金

棚户区改造项目资本金包括中央和省级财政专项补助资金、市（州）政府筹集资金、国家开发银行资本金过桥贷款及其他资本金，比例不低于总投资的 20%。

（四）担保方式

国家开发银行棚户区改造专项贷款采用省棚改公司与省财政厅签订的委托代建协议项下享有的全部权益和收益作为质押。

第三章　项目核准与合同签订

第七条　项目申报条件

各市（州）根据改造规划和年度建设计划，按照项目的成熟程度分批申报，并对项目进行核准，贷款项目申报应符合以下条件：

（一）纳入国家 2013～2017 年棚户区改造规划。

（二）办理完成"四项审批"手续（含可研、环评、用地及规划的批复、核准或备案手续）。

（三）市（州）借款主体出具借款申请书。

（四）市（州）财政出具承诺函，承诺如不按时还本付息，由省财政对市（州）财政的转移支付扣款进行偿还。

第八条 项目申报及核准

（一）市（州）借款主体将项目申报材料报省棚改公司，省棚改公司初步审核通过后，分批汇总编制借款申请书，报省住房和城乡建设厅、省财政厅审核。

（二）省住房和城乡建设厅根据省棚户区改造规划、年度建设计划和前期工作进展情况，审核各地申报的建设项目，出具项目纳入棚户区改造规划的意见。

（三）省财政厅根据各地综合财力和政府债务情况审核项目贷款额度是否合理。

（四）省棚改公司将省住房和城乡建设厅、省财政厅审核通过的总借款申请书连同相关项目申请材料报省开行，提出借款申请。

（五）省开行对省棚改公司报送的贷款申请材料进行审核，并按国家开发银行的权限规定进行核准。

第九条 合同签订

项目核准通过后，省开行与省棚改公司、市（州）借款主体签订三方借款合同。合同明确市（州）政府是棚户区改造项目的实施主体和责任主体，是借款资金的借入、使用和偿还的最终责任人。省开行按照借款合同约定，及时足额到位贷款资金。在国家政策允许范围内给予优惠贷款政策，支持省棚户区改造。

第四章 贷款发放与资金拨付

第十条 账户开设及管理

（一）省棚改公司在省开行开立资本金账户、贷款资金账户、还款资金账户和偿债准备金账户。资本金账户用于归集棚户区改造贷款项目的资本金；贷款资金账户用于贷款资金的发放、划拨；还款资金账户用于归集市（州）的还款资金；偿债准备金账户专门用于归集市（州）棚户区改造贷款的偿债准备金。

（二）市（州）借款主体在省开行开立资本金账户、贷款资金账户和还款资金账户。资本金账户用于项目资本金的归集、拨付；贷款资金账户用于承接省棚改公司划转的贷款资金；还款资金账户用于归集还款资金

（包括棚户区改造项目产生的各项收入）。

第十一条 对省棚改公司的净资产补足机制

市（州）政府和市（州）借款主体应建立对省棚改公司的净资产补足机制，以保证省棚改公司的资产负债率低于80%。

第十二条 资本金监管

项目资本金与国家开发银行贷款应至少在年度内同比例到位。对于市（州）自身投入的资本金，需划转至市（州）借款主体的资本金账户；对于市（州）已投入项目建设的资本金，支付凭证等资料需经省开行审查认可。

第十三条 贷款发放

（一）市（州）借款主体按项目实施进度向省棚改公司申请发放贷款，省棚改公司汇总后报省开行，省开行根据国家信贷政策、市（州）政府债务风险状况等确定发放额度，将贷款发放至省棚改公司贷款资金账户。

（二）省棚改公司原则上应在贷款发放当日将贷款资金划拨至市（州）借款主体贷款资金账户。贷款利息自贷款发放之日起由市（州）承担。

第十四条 资金拨付

市（州）借款主体按照市（州）的资金使用管理制度，向省开行提交相关材料（包括但不限于施工或材料供应合同、工程进度资料、监理签字的支付证书等），省开行按照贷款资金受托支付的要求完成审核后，在3个工作日内办理支付手续。

第五章 本息偿还

第十五条 棚户区改造专项贷款按季结息，每年两次还本。省开行应在贷款合同约定的本息回收日前30日，向省棚改公司发出当期还本付息通知书及各项目还款明细。省棚改公司应在收到还本付息通知书的5个工作日内向市（州）借款主体发出当期还本付息通知书。省棚改公司应会同省开行对各市（州）还款资金的筹集情况进行跟踪、督促，及时归集全省的还款资金。

第十六条 市（州）借款主体应在本息回收日前7个工作日，将项目还款资金划入省棚改公司在省开行开立的账户，省开行于本息回收日从省棚改公司账户完成扣收。

第十七条　市（州）政府应设立偿债准备金，作为还款的风险保障。

第十八条　如市（州）借款主体在本息回收日前5个工作日，仍未足额将还款资金缴至省棚改公司的还款资金账户，省棚改公司应使用风险准备金垫付还款资金缺口。如使用风险准备金仍不能足额垫付还款资金缺口，省棚改公司应及时向省财政厅提出申请，由省财政厅依据市（州）财政出具的扣款承诺函，通过财政结算对市（州）实施扣款。各市（州）借款主体原则上应在本息回收日后的30日内，将垫付资金归还至省棚改公司账户。

第十九条　根据市（州）申请，经省财政厅审核同意，各市（州）可以提前还款。利息按照实际发生期限计算。

第六章　监督与管理

第二十条　贷款资金应纳入地方政府性债务管理，执行地方政府性债务管理的统一政策。

第二十一条　市（州）财政、住房保障部门要加强对棚户区改造贷款项目的管理和监督检查，确保项目贷款资金专款专用，防止截留、挤占、挪用。

第二十二条　省开行、省棚改公司对贷款资金使用情况进行监管，一旦发现截留、挤占、挪用贷款资金等问题，停止办理相关项目贷款的发放和支付，直至收回贷款资金，并将相关情况函告省财政厅、省住房和城乡建设厅。对发现的违纪、违法行为，交由纪检监察、行政执法、司法机关处理。

第七章　附　则

第二十三条　本办法自公布之日起施行，至贷款偿还完毕之日止。

第三招　债券资金存管存款

【目标对象】

存款的目标对象是发债公司、证券公司。大型证券公司固定收益部的主要职责就是发行债券，而债券必须有资金监管银行，所以，各家银行可以将各大券商的固定收益部门作为重点渠道类客户进行开发。

本地有过发债记录的公司是重点目标客户资源，这类客户将发债作为重点资金来源，发债有着极好的连续性，可以重点开发。

国内大型证券公司名录：

爱建证券有限责任公司、安信证券股份有限公司、北京高华证券有限责任公司、渤海汇金证券资产管理有限公司、渤海证券股份有限公司、财达证券股份有限公司、财富证券有限责任公司、财通证券股份有限公司、财通证券资产管理有限公司、长城国瑞证券有限公司、长城证券股份有限公司、长江证券（上海）资产管理有限公司、长江证券承销保荐有限公司、长江证券股份有限公司、川财证券有限责任公司、大通证券股份有限公司、大同证券有限责任公司、德邦证券股份有限公司、第一创业摩根大通证券有限责任公司、第一创业证券股份有限公司、东北证券股份有限公司、东方花旗证券有限公司、东方证券股份有限公司、东海证券股份有限公司、东吴证券股份有限公司、东兴证券股份有限公司、东证融汇证券资产管理有限公司、东莞证券股份有限公司、方正证券股份有限公司、高盛高华证券有限责任公司、光大证券股份有限公司、广发证券股份有限公司、广发证券资产管理（广东）有限公司、广州证券股份有限公司、国都证券股份有限公司、国海证券股份有限公司、国金证券股份有限公司、国开证券有限责任公司、国联证券股份有限公司、国融证券股份有限公司、国盛证券有限责任公司、国盛证券资产管理有限公司、国泰君安证券股份有限公司、国信证券股份有限公司、国元证券股份有限公司、海际证券有限责任公司、海通证券股份有限公司、恒泰长财证券有限责任公司、恒泰证券股份有限公司、宏信证券有限责任公司、红塔证券股份有限公司、华安证券股份有限公司、华宝证券有限责任公司、华创证券有限责任公司、华福证券有限责任公司、华金证券股份有限公司、华林证券股份有限公司、华龙证券股份有限公司、华融证券股份有限公司、华泰联合证券有限责任公司、华泰证券（上海）资产管理有限公司、华泰证券股份有限公司、华西证券股份有限公司、华英证券有限责任公司、华菁证券有限公司、华鑫证券有限责任公司、江海证券有限公司、金通证券有限责任公司、金元证券股份有限公司、九州证券股份有限公司、开源证券股份有限公司、联储证券有限责任公司、联讯证券股份有限公司、民生证券股份有限公司、摩根士丹利华鑫证券有限责任公司、南京证券股份有限公司、平安证券股份有限公司、齐鲁证券（上海）资产管理有限公司、瑞信方正证券有限责任公司、瑞银证券有限责任公司、山西证券股份有限公司、上海东方证券资产管理有限公司、上海光大证券资产管理有限公司、上海国泰君安证券资产管理有限公司、上海海通证券资产管理有限公司、上海华信证券有限责任公司、上海证券有限责任公司、申港证券股份有限公司、申万宏源西部证券有限公司、申万宏源证券承销保荐有限责任公司、申万宏源证券有限公司、世纪证券有限责任公司、首创证券有限责任公司、太平洋证券股份有限公司、天风证券股份有限公司、万和证券股份有限公司、万联证券有限责任公司、网信证券有限责任公司、五矿证券有限公司、西部证券股份有限公司、西藏东方财富证券股份有限公司、西南证券股份有限公司、湘财证券股份有限公司、新时代证券股份有限公司、信达证券股份有限公司、兴业证券股份有限公司、兴证证券资产管理有限公司、银河金汇证券资产管理有限公司、银泰证券有限责任公司、英大证券有限责任公司、招商证券股份有限公司、招商证券资产管理有限公司、浙江浙商证券资产管理有限公司、浙商证券股份有限公司、中德证券有限责任公司、中国国际金融股份有限公司、中国民族证券有限责任公司、中国银河证券股份有限公司、中国中投证券有限责任公司、中航证券有限公司、中山证券有限责任公司、中泰证券股份有限公司、中天证券股份有限公司、中信建投证券股份有限公司、中信证券（山东）有限责任公司、中信证券股份有限公司、中银国际证券有限责任公司、中邮证券有限责任公司、中原证券股份有限公司。

【使用产品】

使用产品包括过桥贷款、监管账户。

1. 过桥贷款。银行对发行债券企业提供一定的过桥贷款服务，便利这些发行债券企业的到期兑付债券的资金临时性过渡。

2. 监管账户。银行对发行债券企业的资金进行存管，确保资金专项使用，防止资金被挪用。

债券资金存管并不会指定某家银行，只要是监管部门批准牌照的银行均可操作。

【政策依据】

《公司债券发行与交易管理办法》经2014年11月15日中国证券监督管理委员会第65次主席办公会议审议通过，2015年1月15日中国证券监督管理委员会令第113号公布。

《公司债券发行与交易管理办法》第十五条规定，公开发行公司债券，募集资金应当用于核准的用途；非公开发行公司债券，募集资金应当用于约定的用途。除金融类企业外，募集资金不得转借他人。发行人应当指定专项账户，用于公司债券募集资金的接收、存储、划转与本息偿付。

【存款量分析】

存款量起步在5亿元以上。

【开发难度】

开发难度较大。证券公司往往非常强势，需要银行能够提供一定的对等资源，证券公司才愿意提供将发行债券的资金存管银行的业务机会。

【业务优势】

中国大部分发行的债券都需要监管银行，对债券募集资金进行监管。

【债券类型】

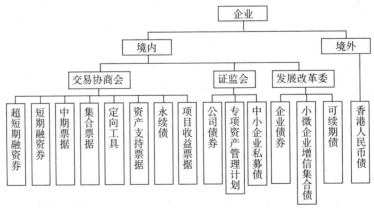

直接债务融资工具谱系

【案例】

××龙湖企业拓展有限公司发行绿色债券

2016年10月14日，××龙湖企业拓展有限公司（以下简称龙湖企业）已接获国家发展和改革委员会《关于××龙湖企业拓展有限公司发行绿色债券核准的批复》，核准其公开发行规模不超过40.4亿元（含40.4亿元）的绿色债券。

2017年2月16日，龙湖企业已公开发行的债券：五年期票面利率为4.4%，附第三年底发行人有权调整票面利率及投资者有权回售的债券共计16亿元；七年期票面利率为4.67%，附第五年底发行人有权调整票面利率及投资者有权回售的债券共计14.4亿元，发债规模共计30.4亿元。

龙湖企业在公告中提及，其已收到信用评级公司××资信评估投资服务有限公司对发行人及第二期绿色债券的AAA评级。

【文本示范】

AA项目收益债券偿债资金专户监管协议
以及募集资金托管账户监管协议

偿债资金专户监管以及募集资金托管账户监管协议（以下简称本协议）由以下两方于＿＿＿年＿＿＿月＿＿＿日在＿＿＿＿＿＿签订：
甲方：××集团有限责任公司（本协议项下发行人）
地址：
负责人：

乙方：××银行××分行（本协议项下偿债资金专户监管银行、募集资金托管账户监管银行、监管银行、账户监管人）
地址：
负责人：

鉴于：
发行人拟向国家发展和改革委员会申请发行不超过人民币15亿元的

公司债券，为了明确本期债券募集资金托管账户的监管、资金的划转及具体划付程序并保证本期债券按时足额还本付息，发行人拟在××银行××分行开立偿债资金专项账户（以下简称偿债资金专户），募集资金托管账户（以下简称募集托管账户）用于本期债券偿债资金的存储和划付。

发行人与监管银行根据平等互利原则，经过友好协商，就上述偿债资金专户的开立和监管、募集托管账户的开立和监管及相关事宜达成以下协议。

第一章　偿债资金专户部分

第一条　偿债资金专户的开立和监管

1.1　发行人于国家发展和改革委员会核准本期债券发行后的一个月内在××银行××分行开设唯一的偿债资金专户，并应按募集说明书和本协议的约定按时足额将偿债资金存入偿债资金专户。项目收入归集专户是用于接收项目运营期间收入的专项账户，按照约定向偿债资金专户划转当年应付本息金额。每当项目收入归集专户接收到本期债券募设项目所产生的收入时，甲方应在3个工作日内将该笔收入中不低于当年偿债保证金留存比例的资金划转至偿债资金专户。

1.2　偿债资金来源：本期债券募集资金投资项目未来带来的收益及发行人日常经营所产生的收益，差额补偿人补足资金等按照募集说明书中应属于偿还本期债券的全部资金。

1.3　偿债资金专户内的资金专项用于本期债券的本金兑付和支付债券利息。

1.4　在本期债券还本付息日（T日）前5个工作日（即T-5日），如账户监管人确认偿债资金专户的资金足够支付当期债券本息，则于当日向发行人报告。在T-5日，如偿债资金专户内没有足够的资金用于支付当期债券本息，账户监管人应于当日通知发行人要求补足。在T-3日，如发行人仍未补足用于支付当期债券本息的资金，账户监管人即在后1个工作日书面通知发行人。

1.5　甲方同时是本期债券的差额补偿人。本期债券存续期第T-3日计息年度，差额补偿人应于付息日20个工作日前将当年债券利息划入偿债资金专户。

本期债券存续期第 4 至第 7 个计息年度，若在债券每年付息/兑付日前第 15 个工作日，偿债资金专户中的余额不足以支付当年应付本金及利息，乙方应通知差额补偿人，差额补偿人应于当年付息/兑付日前 10 个工作日补足当年应付本息与偿债资金专户余额差额部分。

1.6 发行人使用偿债资金专户内的资金时，应向账户监管人发出加盖财务印鉴章和财务负责人私章的划款凭证，划款凭证需包括付款金额、付款日期、付款人名称、付款账号、收款人名称、收款账号、收款人开户行和付款人附言等内容。偿债资金专户内的资金除用于本期债券的本金兑付和支付债券利息外，不得用于其他用途。

1.7 当偿债资金专户被查封、销户、冻结及其他情形不能进行资金划转，账户监管人应在该等情形发生的当日及时书面通知发行人，发行人应在接到通知后 10 个工作日内变更监管账户，以确保偿付本期债券的本息不受影响。

1.8 发行人本期债券存续期内，账户监管人在国家法律、法规和内部信贷政策及规章制度允许的前提下，对发行人给予流动资金信贷支持。当发行人发生资金困难时，账户监管人可以根据发行人的申请，按照银行内部规定的程序进行评审，经评审合格并报经有权审批人批准后，银行可对其提供信贷支持以解决发行人的临时资金困难。

第二条 偿债资金专户的开立和费用

2.1 专户的开立和使用应符合《人民币银行结算账户管理办法》《现金管理暂行条例》《支付结算办法》以及中国人民银行的其他相关规定。

2.2 在偿债资金专户有效期内，监管银行有权按照银行服务收费标准向发行人收取银行结算、汇划等手续费，并直接从该账户中扣收。

第三条 违约责任

3.1 由于本协议当事人的过错，造成本协议不能履行或不能完全履行的，由有过错的一方承担违约责任；如因本协议当事人双方的共同过错，造成协议不能履行或者不能完成履行的，根据实际情况，由双方分别承担各自应负的违约责任。

3.2 本协议任何一方当事人违反本协议，应向他方承担违约责任，并赔偿他方因此所遭受的损失，包括本期债券持有人的损失。

第二章 募集资金托管账户部分

第一条 募集资金托管账户

1.1 募集资金托管账户专门用于存放甲方发行本期债券所募集的资金，乙方负责监督甲方按照本期债券最终核准的用途进行使用；甲方依法已经履行募集资金用途变更手续的除外。

1.2 本期债券存续期内每个计息年度兑付日/付息日前的第3个工作日，乙方如发现偿债资金专户内资金不足以支付当期应偿付利息和本金，乙方可以无条件地从募集资金托管账户划转相应的资金至偿债资金专户予以补足，并及时通知甲方。

第二条 双方的权利和义务

2.1 甲方有权无条件地、随时调看募集资金托管账户的资金进出情况，对此，乙方应给予完全的配合，并向甲方检查人员提供账户的日记账、原始凭证和银行对账单，并提供复印件。

2.2 在本期债券存续期内，若甲方依据有关法律法规的规定发生合法变更或甲方将其在本期债券项下的债务转让给新债务人，甲方有义务于10个工作日内通知乙方及相关各方。

2.3 甲方有义务及时将乙方开展监管业务所需材料的复印件（加盖甲方公章）发送至乙方。

2.4 乙方有权利依据本合同的约定及时、足额划转募集资金托管账户内资金。

2.5 乙方有权利依法监管募集资金托管账户内的资金。

2.6 在本期债券存续期内，若因任何原因出现募集资金托管账户被查封、销户、冻结及其他情形而不能履约划转现金款项的，乙方有义务在新指定的募集资金托管账户确定当日通知甲方。

2.7 乙方应履行本协议项下的通知义务。

2.8 乙方依据本协议所承担的监管责任，不应被视为乙方对甲方的行为提供保证或其他形式的担保。

第三条 监管银行的变更

3.1 监管银行发生以下情形均应视为监管银行的变更。

3.1.1 乙方不能按本协议的约定履行其作为监管银行的义务。

3.1.2　乙方资不抵债、解散、依法被撤销、破产或者由接管人接管其资产。

3.1.3　乙方不再具备作为监管银行的资格。

3.1.4　债券持有人会议决议变更监管银行。

3.2　新的监管银行，必须与原监管银行在本协议签署时的资质相当。

3.3　发行、单独或合并持有本期偿还债券本金总额的10%以上的本期债券持有人要求变更监管银行的，债权代理人应召集债券持有人会议，审议变更监管银行。变更监管银行的决议须经出席会议的本期债券持有人（包括本期债券持有人的代理人）所持表决权的1/2以上通过方为有效。甲方和乙方应当根据本协议的规定完成与变更监管银行有关的全部工作。甲方聘请新的监管银行后应进行公告。

3.4　在甲方聘请新的监管银行后，本协议约定的乙方的权利和义务由新的监管银行享有和承担，但新的监管银行对原监管银行的违约行为不承担任何责任。

3.5　乙方可在任何时间辞任，但应至少提前90日书面通知甲方，只有在新的监管银行被正式、有效地聘任后其辞职方可生效，甲方应在接到监管银行提交的辞职通知之日起90日内聘任新的监管银行。如果在上述90日期间届满前的第10日，甲方仍未聘任新的监管银行，则监管银行有权自行聘任中国境内任何声誉良好、有效存续且具有担任监管银行资格和能力的银行或其他机构作为其继任者。该聘任应经甲方批准，但甲方不得无故拒绝。

第四条　不可抗力

4.1　不可抗力是指本协议各方不能合理控制、不可预见或即使预见也无法避免的事件，该事件妨碍、影响或延误任何一方根据本协议履行其全部或部分义务。该事件包括但不限于地震、台风、洪水、火灾、瘟疫等其他天灾以及战争、政变、骚乱、罢工或其他类似事件等因素。

4.2　发生不可抗力事件、遭受该事件的一方应立即用可能的快捷方式通知其他方，并在15日内提供证明文件说明有关事件的细节和不能履行或部分不能履行或需延迟履行本协议的原因。

4.3　本协议双方应在协商一致的基础上决定是否变更本协议，并达成书面协议。

第五条 适用法律与争议解决

5.1 本协议的订立、生效、履行、解释、修改和终止等事项适用中华人民共和国现行法律法规及规章。

5.2 对于双方在履行本协议中发生的争议，首先由双方协商解决；协商不成，任何一方均可向有管辖权的人民法院提起诉讼；除非裁决另有规定，任何一方为诉讼而实际支付的费用（包括但不限于诉讼费和合理的律师费）由败诉方承担。

5.3 在双方协商和诉讼期间，双方应本着诚信原则继续履行本协议不涉及争议的部分。

第六条 协议的生效、变更和终止

本协议经双方当事人签字盖章后，并由国家发展和改革委员会核准本期债券发行后生效。

第七条 其他

7.1 本协议中的通知、告知是指将有关信息在合理期限内以书面方式（包括但不限于信函、传真）送达本协议任何一方，使其充分知悉该信息。

7.2 本协议中因通知、告知所产生的费用应当由通知方承担。

7.3 协议未尽事宜，双方可根据有关法律法规的规定，共同协商作出补充协议。补充协议及本协议附件均为本协议组成部分，与本协议具有同等法律效力。

7.4 本协议一式六份，协议签署各方各持一份，其他报送相关部门，具有同等法律效力。

发行人：××投资集团有限责任公司（盖章）

法定代表人/授权代理人（签字）：

监管银行/账户监管人：××银行××分行（盖章）

第四招　商业承兑汇票与企业发行债券结合存款

【目标对象】

存款的目标对象是发债企业，包括发行企业债、公司债、短期融资券、中期票据、资产支持证券的客户。

【使用产品】

使用产品包括监管账户、商业承兑汇票保贴。

企业发行债券募集资金都需要一定的时间，短则 2 个月，长则 6 个月，而项目的用款较为紧急。银行在为企业发行债券承销的时候，都需要为企业核定一定的授信额度，在募集资金没有到位前，可以采取先让企业使用商业承兑汇票的方式支付工程款。

【存款量分析】

存款量起步在 5000 万元以上。

1. 企业占用授信额度签发 6 个月商业承兑汇票，由持票人使用商业承兑汇票质押换开 12 个月银行承兑汇票，银行就会获得 6 个月的存款。

2. 银行对发债企业核定商业承兑汇票保贴额度，企业首先签发商业承兑汇票使用授信额度，在发债资金到位后，冻结发债资金用于封闭商业承兑汇票敞口。

【开发难度】

开发难度较大，需要精通商业承兑汇票产品与发债产品的银行客户经理，才能够有效进行匹配。银行需要高举高打，直接向证券公司发行部总经理级别人物营销这类组合产品。

【业务优势】

在发行的债券资金到位前，提前使用一轮商业承兑汇票进行过桥，可以高效地满足客户的融资需求。重点道路、桥梁、地铁、高铁等项目，往往工期很紧，而发债资金需要看时机，在市场行情不好的时候，往往推后发行。

银行授信经常是通过商业承兑汇票的方式满足客户的紧急资金需求，维护客户关系。

【案例】

中国××建设股份有限公司商票与企业发行债券结合

中国××建设股份有限公司是国务院批准成立的特大型国有企业，是银行战略级合作客户。由于企业整体实力雄厚，各家金融机构均对其展开不计成本的营销，对其授予巨额授信，并给予最优惠的价格政策，大打"价格战""规模战"。在现行价格政策下，银行在同业竞争中无明显优势。

为改变恶性竞争的严峻局面，加强银企合作关系，银行坚持以市场为导向，以客户为中心的理念，有针对性地研究企业行业特点与业务特色，通过增加银行金融产品与企业需求契合度，全力创新可持续性盈利的商业模式。

通过调查了解，该企业每年大量发行债券。

考虑到中国××建设股份有限公司发行债券金额极大，但是，项目建设资金使用刻不容缓，而债券资金到位又滞后明显，银行采取了商业承兑汇票与企业发行债券结合的方式。在发行的5亿元资金到位前，银行提供3亿元商业承兑汇票保贴作为过桥，确保了企业的资金使用。

【文本示范】

商业承兑汇票过桥贷款三方合作协议书

（＿＿＿＿＿＿＿＿）＿＿字第＿＿号

甲方：＿＿＿＿＿＿＿＿＿（买方、核心企业）

乙方：＿＿＿＿＿＿＿＿＿（卖方、供应商）

丙方：＿＿＿＿＿＿＿＿＿（银行方）

为加强甲、乙、丙三方之间互利合作关系，确保甲方和乙方签订的＿＿＿＿＿＿＿＿购销合同顺利履行，经三方当事人自愿平等协商，达成如下协议，协议各方恪守履行。

协议条款如下：

第一条　信用额度及结算方式

丙方为乙方提供银行授信敞口额度不超过＿＿＿＿＿＿亿元整，用于乙方上游采购＿＿＿＿＿＿供应给甲方的贸易结算。

第二条　业务流程及银行监管

1. 根据甲乙双方签订的＿＿＿＿＿＿＿购销合同的相关约定，以甲乙双方书面确定以商业承兑汇票作为结算支付方式。

2. 甲方向乙方开具期限为＿＿＿＿的商业承兑汇票，面额为＿＿＿＿元。

3. 乙方在收到商业承兑汇票后，在丙方办理商业承兑汇票质押，然后办理流动资金贷款，并提供＿＿＿＿＿＿保证金，流动资金贷款期限为＿＿＿＿＿＿。

4. 甲方在商业承兑汇票到期日，使用债券募集资金兑付商业承兑汇票。

第三条　声明和保证

三方在此声明保证如下：

1. 三方均为依法成立并合法存在的企业法人或金融机构，有权以自己的名义、权利和权限从事本协议项下的经营活动，并以自身名义签署和履行本协议。签署本协议所需的有关文件和手续已充分齐备并合法有效。

2. 签署本合同是各方自愿的，是自身的意思的真实表示。

3. 各方届时将按照诚实信用的原则充分地履行本协议，并在履行本协议时给予他方必要的协助和配合。

第四条　违约责任

本协议生效后，任何一方违反本协议的任何约定义务给守约方造成损失的，还应赔偿守约方的损失，损失包括但不限于本金、利息、罚息、因追索或索赔产生的全部费用及可以预见的可得利益损失。

第五条　协议的解释和争议

凡因履行本协议所发生的或与本协议有关的一切争议、纠纷，双方可协商解决。协商不成的，任何一方可以依法向乙方所在地的人民法院提起诉讼。

第六条　合同生效

本协议于三方有权人签字、加盖公章之日起开始生效。

本协议一式三份，每方各执一份，每份均具有同等法律效力。

甲方：
法定代表人或代理人：
日期：　　年　　月　　日

乙方：
法定代表人或代理人：
日期：　　年　　月　　日

丙方：
法定代表人或代理人：
日期：　　年　　月　　日

第五招　可交换债券的撬动存款

【目标对象】

存款的目标对象是上市公司母公司。

【使用产品】

使用产品为可交换债券。

可交换债券，全称为可交换他公司股票的债券，是指上市公司股份的持有者通过抵押其持有的股票给托管机构进而发行的公司债券，该债券的持有人在将来的某个时期内，能按照债券发行时约定的条件用持有的债券换取发债人抵押的上市公司股权。

可交换债券和其转股标的股份分别属于不同的发行人，一般来说可交换债券的发行人为控股母公司，而转股标的的发行人则为上市子公司。

【存款量分析】

存款量起步在 2000 万元以上。上市公司的大股东持有的股票金额通常非常巨大，而且流通性极好。通过办理可交换债券，可以通过上市公司的大股东影响上市公司在银行存入大额存款。

【开发难度】

开发难度较小。上市公司的大股东资金压力往往非常巨大，会配合使用银行的产品。

【业务优势】

可交换债券的标的为母公司所持有的子公司股票，为存量股，发行可交换债券一般并不增加其上市子公司的总股本，但在转股后会降低母公司对子公司的持股比例。

可交换债券给筹资者提供了一种低成本的融资工具。由于可交换债券给投资者一种转换股票的权利，其利率水平与同期限、同等信用评级的一般债券相比要低。因此即使可交换债券的转换不成功，其发行人的还债成本也不高，对上市子公司也无影响。

【案例一】

××电子集团可交换公司债券业务

××科技股份有限公司（以下简称公司或本公司）接到控股股东××电子集团股份有限公司（以下简称××电子集团）通知，获悉××电子集团因发行可交换债券业务的需要，将其所持有本公司的部分股份质押，具体情况如下。

1. ××电子集团发行可交换债券的情况。××电子集团拟以所持公司部分股票为标的非公开发行可交换债券。该事项已通过深圳证券交易所审批，并获得《关于××电子集团股份有限公司2017年非公开发行可交换公司债券符合深交所转让条件的无异议函》（深证函〔2017〕60号），核准××电子集团面向合格投资者非公开发行不超过5亿元的可交换债券。

2. ××电子集团股份质押的基本情况。

因发行可交换债券业务的需要，××电子集团将其持有的公司5400万股股份划至质押专用证券账号并办理了股权质押登记手续，用于对本次非公开发行可交换债券的换股事宜等进行担保。2017年3月15日，××电子集团取得中国证券登记结算有限责任公司深圳分公司出具的证券质押登记证明。

3. ××电子集团股份累计被质押的情况。截至本公告披露日，××电子集团持有公司股份295687692股，占公司股份总数的27.75%。其所持公司股份累计被质押5400万股，占公司股份总数的5.07%。

4. 备查文件

（1）证券质押登记证明。

（2）《关于××电子集团股份有限公司2017年非公开发行可交换公司债券符合深交所转让条件的无异议函》（深证函〔2017〕60号）

【案例二】

十四个私募可交换债券的具体条款设计案例

一、海宁××股东可交换债券

海宁债券由海宁××的第一大股东海宁市××资产管理公司发行，具有城投性质。发行人持有海宁××总股份的 37.94%，即 4.25 亿股。本次可交换的待交换股份为 2000 万股，因此即便全部交换，发行人的控股地位也不会发生变化。主承销商为××证券。

1. 提前赎回条款。

（1）在本期可交换债券进入换股期前 15 个交易日至前 6 个交易日中至少有 5 个交易日的收盘价不低于当期换股价格的 120% 时，发行人董事会有权在进入换股期前 5 个交易日内按照债券面值的 110% 赎回全部或部分本期可交换债券。

（2）换股期内，当下述情形的任意一种出现时，发行人有权决定按照（面值＋债券的当期应计利息）赎回全部或部分未换股的本期可交换债券：换股期内，如果海宁××股票价格任意连续 10 个交易日中至少有 5 个交易日的收盘价不低于当期换股价格的 120%，发行人董事会有权在 5 个交易日内决定是否赎回；本期可交换债券余额不足 1000 万元时。

2. 回售条款。

本期可交换债券存续期的最后 3 个月内，当标的股票在任意连续 20 个交易日中至少 10 个交易日的收盘价低于当期换股价格的 80% 时，发行人在回售条件触发次日发布公告，债券持有人有权在公告日后 10 个交易日内将其持有的本期可交换债券全部或部分按照债券面值加当期票面利息的价格回售给发行人。

二、歌尔××股东可交换债券

"歌尔债"票面利率为 2.50%，发行人以募集资金中的 10 亿元置换银行贷款，其余 2 亿元为补充流动资金。可见，发行人利用可交换债券票息低的优势降低财务成本。主承销商为××联合证券。

1. 提前赎回条款。

到期赎回条款在本期可交换债券期满后 5 个交易日内，发行人将以本期可交换债券票面面值上浮 8%（含最后一期利息）的价格向投资者赎回全部未换股的可交换债券。

当以下两种情形的任意一种出现时，发行人有权决定按照债券面值加当期应计利息的价格赎回全部或部分未换股的可交换债券：在换股期内，如果标的股票在任何连续 30 个交易日中至少 15 个交易日的收盘价格不低于当期换股价格的 130%（含 130%）；当本期可交换债券未换股余额不足

3000 万元时。

2. 回售条款。

在发行人本次发行的可交换债券到期前 180 日内，如果标的股票在任何连续 30 个交易日的收盘价格低于当期换股价的 70% 时，债券持有人有权将其持有的可交换债券全部或部分按面值加上当期应计利息的价格回售给公司。

3. 换股价格向下修正条款。

当标的股票在任意连续 20 个交易日中至少 10 个交易日的收盘价低于当期换股价格的 85% 时，发行人董事会有权决定换股价格是否向下修正。修正后的换股价格应不低于该次董事会决议签署日前 20 个交易日标的股票收盘价均价的 90%，且不低于前一个交易日的标的股票交易收盘价的 90%。

三、××科技股东可交换债券

主承销商为××证券。

1. 提前赎回条款。

（1）在本期可交换债券质押股票解除禁售前（即 2015 年 6 月 12 日前）5 个交易日内，发行人有权决定按照债券面值的 110%（含应计利息）赎回全部或部分本期可交换债券。

（2）换股期内，当以下两种情形的任意一种出现时，发行人有权决定按照债券面值的 120% 赎回全部或部分未换股的本期可交换债券：换股期内，如果××科技股票价格任意连续 20 个交易日中至少有 10 个交易日的收盘价不低于当期换股价格的 140%；本期可交换债券余额不足 1000 万元时。

（3）换股期内，发行人存量质押股票市值按照前 5 个交易日的平均收盘价与质押股份数乘积计算。若股价下跌，导致担保比例低于 120%，发行人将赎回部分债券以保证维持担保比例在 120% 以上（含 120%）。赎回价格按照债券面值乘以 110%（含应计利息）计算。

2. 回售条款。

本期可交换债券存续期的最后 3 个月内，当标的股票在任意连续 20 个交易日中至少 10 个交易日的收盘价低于当期换股价格的 80% 时，债券持有人有权将其持有的本期可交换债券全部或部分按照债券面值的 115%

（含应计利息）回售给发行人。

3. 换股价格向下修正条款。

在本期可交换债券换股期内，当标的股票在任意连续 10 个交易日中至少 5 个交易日的收盘价低于当期换股价格的 90% 时，发行人执行董事有权在 5 个交易日内决定换股价格是否向下修正。修正后的换股价格应不低于该次执行董事决议签署日前 20 个交易日××科技股票收盘价均价的 90% 和前一个交易日的××科技股票交易收盘价的 90%。

四、浙江××股东可交换债券

1. 提前赎回条款。

（1）在本期可交换债券 M − 15 日至 M − 6 日（M 为本期可交换债券交换期的首日）中至少有 5 个交易日的收盘价不低于初始换股价格的 130% 时，发行人董事会有权在本期可交换债券交换期首日前 5 个交易日内决定按照债券面值的 105%（含应计利息）赎回全部或部分本期可交换债券。

（2）换股期内，当以下两种情形的任意一种出现时，发行人有权决定按照债券面值的（100% + 应计利息）赎回全部或部分未换股的本期私募债券：换股期内，如果浙江××股票价格任意连续 20 个交易日中至少 10 个交易日的收盘价不低于当期换股价格的 125%，发行人董事会有权在 5 个交易日内决定是否赎回；本期可交换债券余额不足 2000 万元时。

（3）补足预备用于交换的股票，若发行人初始及追加预备用于交换的股票数量已合计达到上市公司总股本的 10%，预备用于交换的股票数量仍然少于本期未偿还债券全部换股所需的股票时，发行人将按照债券面值的 107%（含应计利息）回购每名债券持有人持有的全部或部分债券；若发行人因股票权利受限的原因不能补足全部换股所需股票数量时，发行人将以债券面值及按照 12% 的年化利率计算的应计利息之和回购每名债券持有人所持有的全部或部分债券。

2. 回售条款。

本期可交换债券存续期的最后 3 个月内，当标的股票在任意连续 30 个交易日中至少 15 个交易日的收盘价低于当期换股价格的 70% 时，发行人在回售条件触发次日发布公告，债券持有人有权在公告日后 10 个交易日内将其持有的本期可交换债券全部或部分按照债券面值的 110%（含应计利息）回售给发行人。若在上述交易日内发生过换股价格因发生送红股、转增股本、配股以及派发现金股利等情况而调整的情形，则在调整前的交易日按调整前的换股价格和收盘价格计算，在调整后的交易日按调整后的换股价格和收盘价格计算。若出现换股价格向下修正的情况，则上述"连续30个交易日"须从换股价格调整之后的第1个交易日起重新计算。

3. 换股价格向下修正条款。

在本期可交换债券换股期内，当标的股票在任意连续20个交易日中至少10个交易日的收盘价低于当期换股价格的85%时，发行人董事会有权在5个交易日内决定换股价格是否向下修正。修正后的换股价格应不低于该次董事会决议签署日前20个交易日浙江××股票收盘价均价的90%和前一个交易日的浙江××股票交易收盘价的90%。

五、××派克股东可交换债券

××科技目前持有××派克股份279006168股，占××派克总股本的66%。可交换债券的主要程序如下：

1. 2015年1月31日，××派克发布《关于公司控股股东拟非公开发行可交换债券的公告》。

2. 2015年2月17日，××派克发布公告称，××科技非公开发行可交换债券已在××资本市场发展监测中心有限责任公司（已于2015年2月16日更名为××机构间报价系统股份有限公司）完成注册，并取得注册告知函。2015年2月13日，××科技将其持有的公司限售流通股中的2400万股（占其所持公司限售流通股份的8.60%，占公司股份总数的5.68%）及其孳息（包括送股和转股）一并质押给××联合证券有限责任公司，用于为该可交换债券提供担保，质押期限自2015年2月13日起至××科技向中国证券登记结算有限公司深圳分公司办理解除质押登记手续之日止。

3. 2015年4月1日，××派克发布公告称，××科技非公开发行的2015年可交换债券（第二期）已在××机构间报价系统股份有限公司完成注册，并取得注册告知函。2015年3月30日，××科技将其持有的公司限售流通股2633万股（占其所持公司股份的9.44%，占公司股份总数的6.23%）及其孳息（包括送股和转股）一并质押给××联合证券有限责任公司，用于为该可交换债券提供担保，质押期限自2015年3月30日起至××科技向中国证券登记结算有限公司深圳分公司办理解除质押登记手续之日止。

六、大连××控股股东可交换债券

大连××控股股东大连××集团2015年非公开发行可交换债券的申请文件已在深圳证券交易所完成备案，并取得深圳证券交易所发出的《关于大连××集团有限公司2015年非公开发行可交换债券符合深交所转让条件的无异议函》。

2015年9月22日，大连××集团取得中国证券登记结算有限责任公司深圳分公司出具的证券质押登记证明，将其持有的公司无限售条件流通股7000万股（占其持有公司股份总数的11.79%，占公司总股本的7.25%）质押给××联合证券有限责任公司。该部分质押股票用于本次可交换债券的债券持有人交换股份和对本次债券的本息偿付提供担保，质押期限自2015年9月21日起至大连××集团及××联合证券有限责任公司办理解除质押登记手续之日止。

七、××智网股东可交换债券

××投资公司目前持有××智网的172950542股股份，占公司已发行股份总数的52.41%。××投资公司拟将其持有的一定数量的公司股票及其孳息（包括送股、转股和现金红利）共计1410万股作为标的，发行非公开发行可交换债券。主承销商为××联合证券有限责任公司。

根据2015年10月23日公告，本次可交换债券已获得深圳证券交易所出具的《关于××投资有限公司2015年非公开发行可交换公司债券符合深交所转让条件的无异议函》。

2015年10月21日，××投资将持有的公司有限售条件的流通股1410万股股票（占公司除权后股份总数的4.28%）质押给××联合证券有限责任公司，该部分质押股票用于××投资公司本次可交换债券的债券持有人交换股份，质押期限自2015年10月21日起至××投资公司及××联合证券有限责任公司办理解除质押登记手续之日止。

八、××科技股东可交换债券

江西××科技股份有限公司（以下简称公司）近日接到公司控股股东××集团有限公司（以下简称××集团）通知，××集团2015年非公开发行可交换债券已收到××机构间报价系统股份有限公司《关于××集团有限公司2015年非公开发行可交换公司债券符合机构间私募产品报价与服务系统挂牌条件的无异议函》。

2015 年 11 月 23 日，××集团取得中国证券登记结算有限责任公司深圳分公司出具的证券质押登记证明，将其持有的本公司无限售条件的流通股 4000 万股（占本公司总股本的 6.61%）及其孳息（包括资本公积转增股本、送股、分红、派息等）质押给××证券承销保荐有限责任公司。

截至发布公告日，××集团共持有本公司股份 175485305 股，占本公司总股本 604956568 股的比例为 29.01%；其中××集团已累计质押本公司股份 13200 万股，占其持有本公司股份总数的 75.22%，占公司总股本的 21.82%。

九、××光电控股股东可交换债券

××光电控股股东××集团在 2015 年先后非公开发行 2 只可交换债券，交易场所分别为机构间私募产品报价与服务系统、深圳证券交易所综合协议交易平台。

1. 提前赎回条款。

（1）换股期内，当以下两种情形的任意一种出现时，发行人有权决定按照债券面值的（100% + 应计利息）赎回全部或部分未换股的本期可交换债券：换股期内，如果××光电股票价格任意连续 10 个交易日中至少有 5 个交易日的收盘价不低于当期换股价格的 130%，发行人董事会有权在 5 个交易日内决定是否赎回；本期可交换债券余额不足 5000 万元时。

（2）补足预备用于交换的股票在本期可交换债券的交换期内，若因换股价格向下修正或调整而出现预备用于交换的股票数量少于本期未偿还可交换债券全部换股所需股票时，发行人应在该情形发生之日起 10 个交易日内向质押专用账户追加预备用于交换的股票，直至补足差额部分的股票数量。若发行人因股票权利受限的原因不能补足全部换股所需股票数量时，发行人应在预备用于交换的股票数量少于本期未偿还可交换债券全部换股所需股票的情形发生之日起 10 个交易日内，将以债券面值及按照 10% 的年化利率计算的应计利息之和回购每名债券持有人所持有的全部或部分债券，向每名债券持有人回购的债券数量为：该名债券持有人所持有的债券数量 X（1 − X）。其中，X =（调整或修正后的换股价格×经权利不受限股份补充后用于交换的股份数量）/发行规模。

2. 回售条款。

本期可交换债券存续期的最后 3 个月内，当标的股票在任意连续 30 个交易日中至少 20 个交易日的收盘价低于当期换股价格的 60% 时，发行人在回售条件触发次日发布公告，债券持有人有权在公告日后 10 个交易日内将其持有的本期可交换债券全部或部分按照债券面值的 110%（含应计利息）回售给发行人。若在上述交易日内发生过换股价格因发生送红股、转增股本、配股以及派发现金股利等情况而调整的情形，则在调整前的交易日按调整前的换股价格和收盘价格计算，在调整后的交易日按调整后的换股价格和收盘价格计算。若出现换股价格向下修正的情况，则上述"连续 30 个交易日"须从换股价格调整之后的第 1 个交易日起重新计算。若××光电 2015 年定增方案在本期可交换债券发行结束之日起满 15 个月的第一个交易日仍未实施完成，则债券持有人有权在可交换债券到期前 5 个交易日按照债券面值的 111%（含应计利息）回售给发行人。

3. 换股价格向下修正条款。

（1）在本期可交换债券进入换股期前 10 个交易日中至少有 5 个交易日的收盘价低于初始换股价格的 70% 时，本期可交换债券的初始换股价格将自动向下修正，修正后的换股价格不超过《××集团有限公司 2015 年非公开发行可交换债券换股价格自动向下修正的提示性公告》的公告日前 20 个交易日收盘价均价及前 1 日收盘价中较高者的 130%（不超过初始换股价格）。

（2）除上述情形以外，在本期可交换债券换股期内，当标的股票在任意连续 15 个交易日中至少 7 个交易日的收盘价低于当期换股价格的 90% 时，发行人董事会有权在 5 个交易日内决定换股价格是否向下修正，若发行人董事会不行使向下修正权利，满足触发条件后 10 个交易日内不得再次作出向下修正的决议。修正后的换股价格应不低于该次董事会决议签署日前 20 个交易日××光电股票收盘价均价的 90% 和前一交易日的××光电股票交易收盘价的 90%。

十、四川××股东可交换债券

发行可交换债券时，××集团持有四川××243453644 股股份，用于本次可交换债券质押的股份数量为 4500 万股，占公司总股本的 8.80%，占××集团持有股份数量的 18.48%。

1. 提前赎回条款。

换股期内，当以下两种情形的任意一种出现时，发行人有权决定按照债券面值加当期应计利息的价格赎回全部或部分未换股的可交换债券：在换股期内，如果标的股票在任何连续30个交易日中至少15个交易日的收盘价格不低于当期换股价格的150%（含150%）；当本次可交换债券未换股余额不足5000万元时。

2. 回售条款。

在发行人本次发行的可交换债券到期前180日内，如果标的股票在任何连续15个交易日的收盘价格低于当期换股价的80%时，债券持有人有权将其持有的可交换债券全部或部分按面值加上当期应计利息的价格回售给公司。若在上述交易日内发生过换股价格因发生送红股、转增股本、配股以及派发现金股利等情况而调整的情形，则在调整前的交易日按调整前的换股价格和收盘价格计算，在调整后的交易日按调整后的换股价格和收盘价格计算。如果出现换股价格向下修正的情况，则上述连续15个交易日须从换股价格调整之后的第一个交易日起重新计算。本次可交换债券到期前180日内，债券持有人在回售条件首次满足后可按上述约定条件行使回售权一次，若债券持有人未在首次满足回售条件时发行人公告的回售申报期内申报并实施回售的，不应再行使回售权。本次可交换债券持有人不能多次行使部分回售权。

3. 换股价格向下修正条款。

在本次可交换债券换股期内，当标的股票在任意连续20个交易日中至少10个交易日的收盘价低于当期换股价格的85%时，发行人董事会有权决定换股价格是否向下修正。修正后的换股价格应不低于该次董事会决议签署日前1个交易日、前20个交易日及前30个交易日标的股票交易均价中的最高者（若在该30个交易日内四川××发生过因除权、除息引起股价调整的情形，则对调整前交易日的交易均价按经过相应除权、除息调整后的价格计算）。若在前述20个交易日内发生过换股价格调整的情形，则在换股价格调整日前的交易日按调整前的换股价格和收盘价计算，在换股价格调整日及之后的交易日按调整后的换股价格和收盘价计算。

十一、福星××股东可交换债券

发行人××生物药业有限公司是福星××的第三大股东。该可交换债券依据《关于中小企业可交换私募债券试点业务有关事项的通知》发行，是我国首单可交换债券。

1. 提前赎回条款。

（1）在本期可交换债券进入换股期前 15 个交易日至前 6 个交易日中至少有 5 个交易日的收盘价不低于初始换股价格的 120% 时，发行人董事会有权在进入换股期前 5 个交易日内决定按照债券面值的 105%（含应计利息）赎回全部或部分本期可交换债券。

（2）换股期内，当以下两种情形的任意一种出现时，发行人有权决定按照债券面值的（100% + 应计利息）赎回全部或部分未换股的本期私募债券：换股期内，如果福星××股票价格任意连续 10 个交易日中至少有 5 个交易日的收盘价不低于当期换股价格的 118%，发行人董事会有权在 5 个交易日内决定是否赎回；当本期可交换债券余额不足 1000 万元时。

2. 回售条款。

本期可交换债券存续期的最后 3 个月内，当标的股票在任意连续 20 个交易日中至少 10 个交易日的收盘价低于当期换股价格的 80% 时，发行人在回售条件触发次日发布公告，债券持有人有权在公告日后 10 个交易日内将其持有的本期可交换债券全部或部分按照债券面值的 110%（含应计利息）回售给发行人。

3. 换股价格向下修正条款。

换股期内，当标的股票在任意连续 10 个交易日中至少 5 个交易日的收盘价低于当期换股价格的 90% 时，发行人董事会有权在 5 个交易日内决定换股价格是否向下修正。修正后的换股价格应不低于该次董事会决议签署日前 20 个交易日福星××股票收盘价均价的 90% 和前一个交易日的福星××股票交易收盘价的 90%。

十二、光韵××股东可交换债券

1. 提前赎回条款。

（1）换股期内，当以下两种情形的任意一种出现时，发行人有权决定按照债券面值的（100% + 应计利息）赎回全部或部分未换股的本期可交换债券：换股期内，如果光韵××股票价格任意连续 10 个交易日的收盘价不低于当期换股价格的 160%，发行人董事会有权在 5 个交易日内决定是否赎回；当本期可交换债券余额不足 1000 万元时。

（2）在本期可交换债券的交换期内，若因换股价格向下修正或调整而出现预备用于交换的股票数量少于本期未偿还可交换债券全部换股所需股票的情况时，发行人将向质押专用账户追加预备用于交换的股票，直至补足差额部分的股票数量；但若出现下列情况，发行人将赎回部分或全部未换股的本期可交换债券：若发行人的初始及追加预备用于交换的股票数量已合计达到上市公司总股本的10%，预备用于交换的股票数量仍然少于本期未偿还可交换债券全部换股所需股票时，发行人将按照债券面值的107%赎回每名债券持有人持有的全部或部分债券。若发行人因股票权利受限的原因不能补足全部换股所需股票数量时，发行人将以债券面值及按照12%的年化利率计算的应计利息之和赎回每名债券持有人所持有的全部或部分债券。

2. 回售条款。

本期可交换债券到期前90日内，若标的股票在任意连续10个交易日中至少5个交易日的收盘价低于当期换股价格的70%时，债券持有人有权将其持有的本期全部或部分可交换债券按照债券面值的110%（含应计利息）回售给发行人。若在上述交易日内发生过换股价格因发生送红股、转增股本、配股以及派发现金股利等情况而调整的情形，则在调整前的交易日按调整前的换股价格和收盘价格计算，在调整后的交易日按调整后的换股价格和收盘价格计算。

3. 换股价格向下修正条款。

在本期可交换债券换股期内，当标的股票在任意连续10个交易日中至少5个交易日的收盘价低于当期换股价格的90%时，发行人董事会有权在5个交易日内决定换股价格是否向下修正。修正后的换股价格应不低于该次董事会决议签署日前20个交易日标的股票收盘价均价的90%，且不低于前1个交易日标的股票交易收盘价的90%。

十三、长荣××公司股东可交换债券

长荣××公司第二大股东名轩××投资于2015年10月26日在××机构间报价系统同时发行两只可交换债券，前者为1年期品种，后者为2年期品种，拟募集资金总额不超过7亿元。主承销商为××证券。

名轩××投资目前持有长荣××公司6390万股股份，占长荣××公司总股本的18.83%。

暂无公开渠道查询该可交换债券的其他具体条款。

十四、××家居股东可交换债券

发行人以其持有的 6000 万股无限售条件流通××家居股票及其孳息一并质押给债券受托管理人。主承销商为××联合证券有限责任公司。

在本期可交换债券期满后 5 个交易日内，发行人将以本期发行的可交换债券票面面值上浮 11%的价格（含最后一期利息）向投资者赎回全部未换股的可交换债券。具体比率由公司董事会根据市场情况与承销商协商确定。

1. 提前赎回条款。

换股期内，当以下两种情形的任意一种出现时，发行人有权决定按照债券面值加当期应计利息的价格赎回全部或部分未换股的可交换债券：在换股期内，如果标的股票在任何连续 30 个交易日中至少 15 个交易日的收盘价格不低于当期换股价格的 130%（含 130%）；当本期可交换债券未换股余额不足 3000 万元时。当期应计利息的计算公式为

$$IA = B \times i \times t/365$$

IA 是指当期应计利息；B 是指本期可交换债券持有人持有的可交换债券票面总金额；i 是指可交换债券当年票面利率；t 是指计息天数，即从上一个付息日起至本计息年度赎回日止的实际日历天数（算头不算尾）。若在前述 30 个交易日内发生过换股价格调整的情形，则在调整前的交易日按调整前的换股价格和收盘价计算，调整后的交易日按调整后的换股价格和收盘价计算。

2. 回购条款。

在发行人本期发行的可交换债券到期前 180 日内，如果标的股票在任何连续 15 个交易日的收盘价格低于当期换股价的 80%，债券持有人有权将其持有的可交换债券全部或部分按面值加上当期应计利息的价格回售给公司。

3. 换股价格向下修正条款。

在本期可交换债券换股期内，当标的股票在任意连续 20 个交易日中至少 10 个交易日的收盘价低于当期换股价格的 85%时，发行人董事会有权决定换股价格是否向下修正。修正后的换股价格应不低于董事会决议签署日前 1 个交易日标的股票收盘价的 90%以及前 20 个交易日收盘价均价的 90%。若在前述 20 个交易日内发生过换股价格调整的情形，则在换股价格调整日前的交易日按调整前的换股价格和收盘价计算，在换股价格调整日及之后的交易日按调整后的换股价格和收盘价计算。

第六招　地方政府土地专项存款

【目标对象】

存款的目标对象是地方政府。

土地出让金是指各级政府土地管理部门将土地使用权出让给土地使用者，按规定向受让人收取的土地出让的全部价款（土地出让的交易总额），或土地使用期满，土地使用者需要续期而向土地管理部门缴纳的续期土地出让价款，或原通过行政划拨获得土地使用权的土地使用者，将土地使用权有偿转让、出租、抵押、作价入股和投资，按规定补交的土地出让价款。

【使用产品】

1. 财政非税专户——土地出让金。

土地出让金一般必须专户存管，定向再次用于新土地的整理开发业务，银行可以积极营销这类账户的监管。

2. 土地储备机构发债承销。

监管部门明确规定，银行不得对土地储备机构发放贷款，土地储备机构融资，仅能采取发行债券的方式。银行可以担任土地储备机构发债的承销业务，或者使用自有资金投资各类土地机构债券。

【政策依据】

国有土地使用权出让收支管理办法

第一章　总　则

第一条　为规范国有土地使用权出让收支管理，根据《土地管理法》《国务院关于加强土地调控有关问题的通知》（国发〔2006〕31号）以及《国务院办公厅关于规范国有土地使用权出让收支管理的通知》（国办发〔2006〕100号）等有关规定，特制定本办法。

第二条　本办法所称国有土地使用权出让收入（以下简称土地出让收

入）是指政府以出让等方式配置国有土地使用权取得的全部土地价款。具体包括：以招标、拍卖、挂牌和协议方式出让国有土地使用权所取得的总成交价款（不含代收代缴的税费）；转让划拨国有土地使用权或依法利用原划拨土地进行经营性建设应当补缴的土地价款；处置抵押划拨国有土地使用权应当补缴的土地价款；转让房改房、经济适用住房按照规定应当补缴的土地价款；改变出让国有土地使用权土地用途、容积率等土地使用条件应当补缴的土地价款，以及其他和国有土地使用权出让或变更有关的收入等。

国土资源管理部门依法出租国有土地向承租者收取的土地租金收入；出租划拨土地上的房屋应当上缴的土地收益；土地使用者以划拨方式取得国有土地使用权，依法向市、县人民政府缴纳的土地补偿费、安置补助费、地上附着物和青苗补偿费、拆迁补偿费等费用（不含征地管理费），一并纳入土地出让收入管理。

按照规定依法向国有土地使用权受让人收取的定金、保证金和预付款，在国有土地使用权出让合同（以下简称土地出让合同）生效后可以抵作土地价款。划拨土地的预付款也按照上述要求管理。

第三条　各级财政部门、国土资源管理部门、地方国库按照职责分工，分别做好土地出让收支管理工作。

财政部会同国土资源部负责制定全国土地出让收支管理政策。

省、自治区、直辖市及计划单列市财政部门会同同级国土资源管理部门负责制定本行政区域范围内的土地出让收支管理具体政策，指导市、县财政部门和国土资源管理部门做好土地出让收支管理工作。

市、县财政部门具体负责土地出让收支管理和征收管理工作，市、县国土资源管理部门具体负责土地出让收入征收工作。

地方国库负责办理土地出让收入的收纳、划分、留解等各项业务，及时向财政部门、国土资源管理部门提供相关报表和资料。

第四条　土地出让收支全额纳入地方政府基金预算管理。收入全部缴入地方国库，支出一律通过地方政府基金预算从土地出让收入中予以安排，实行彻底的"收支两条线"管理。在地方国库中设立专账（即登记簿），专门核算土地出让收入和支出情况。

第二章　征收管理

第五条　土地出让收入由财政部门负责征收管理，可由市、县国土资源管理部门负责具体征收。

第六条　市、县国土资源管理部门与国有土地使用权受让人在签订土地出让合同时，应当明确约定该国有土地使用权受让人应当缴纳的土地出让收入具体数额、缴交地方国库的具体时限以及违约责任等内容。

第七条　土地出让收入征收部门根据土地出让合同和划拨用地批准文件，开具缴款通知书，并按照财政部统一规定的政府收支分类科目填写"一般缴款书"，由国有土地使用权受让人依法缴纳土地出让收入。国有土地使用权受让人应按照缴款通知书的要求，在规定的时间内将应缴地方国库的土地出让收入，就地及时足额缴入地方国库。缴款通知书应当明确供应土地的面积、土地出让收入总额以及依法分期缴纳地方国库的具体数额和时限等。

第八条　已经实施政府非税收入收缴管理制度改革的地方，土地出让收入收缴按照地方非税收入收缴管理制度改革的有关规定执行。

第九条　市、县国土资源管理部门和财政部门应当督促国有土地使用权受让人严格履行国有土地出让合同，确保将应缴国库的土地出让收入及时足额缴入地方国库。对未按照缴款通知书规定及时足额缴纳土地出让收入，并提供有效缴款凭证的，国土资源管理部门不予核发国有土地使用证。国土资源管理部门要完善制度规定，对违规核发国有土地使用证的，应予收回和注销，并依照有关法律法规追究有关领导和人员的责任。

第十条　任何地区、部门和单位都不得以"招商引资""旧城改造""国有企业改制"等各种名义减免土地出让收入，实行"零地价"，甚至"负地价"，或者以土地换项目、先征后返、补贴等形式变相减免土地出让收入；也不得违反规定通过签订协议等方式，将应缴地方国库的土地出让收入，由国有土地使用权受让人直接将征地和拆迁补偿费支付给村集体经济组织或农民等。

第十一条　由财政部门从缴入地方国库的招标、拍卖、挂牌和协议方式出让国有土地使用权所取得的总成交价款中，划出一定比例的资金，用于建立国有土地收益基金，实行分账核算，具体比例由省、自治区、直辖市及计划单列市人民政府确定，并报财政部和国土资源部备案。国有土地收益基金主要用于土地收购储备。

第十二条　从招标、拍卖、挂牌和协议方式出让国有土地使用权所确定的总成交价款中计提用于农业土地开发资金。具体计提标准按照财政部、国土资源部联合发布的《用于农业土地开发的土地出让金收入管理办法》（财综〔2004〕49号）以及各省、自治区、直辖市及计划单列市人民政府规定执行。

第三章　使用管理

第十三条　土地出让收入使用范围包括征地和拆迁补偿支出、土地开发支出、支农支出、城市建设支出以及其他支出。

第十四条　征地和拆迁补偿支出。包括土地补偿费、安置补助费、地上附着物和青苗补偿费、拆迁补偿费，按照地方人民政府批准的征地补偿方案、拆迁补偿方案以及财政部门核定的预算执行。

第十五条　土地开发支出。包括前期土地开发性支出以及财政部门规定的与前期土地开发相关的费用等，含因出让土地涉及的需要进行的相关道路、供水、供电、供气、排水、通信、照明、土地平整等基础设施建设支出，以及相关需要支付的银行贷款本息等支出，按照财政部门核定的预算安排。

第十六条　支农支出。包括用于保持被征地农民原有生活水平补贴支出、补助被征地农民社会保障支出、农业土地开发支出以及农村基础设施建设支出。

（一）保持被征地农民原有生活水平补贴支出。从土地出让收入中安排用于保持被征地农民原有生活水平的补贴支出，按照各省、自治区、直辖市及计划单列市人民政府规定，以及财政部门核定的预算执行。

（二）补助被征地农民社会保障支出。从土地出让收入中安排用于补助被征地农民社会保障的支出，按照各省、自治区、直辖市及计划单列市人民政府规定，以及财政部门核定的预算执行。

（三）用于农业土地开发支出。按照财政部、国土资源部联合发布的《用于农业土地开发的土地出让金使用管理办法》（财建〔2004〕174号）和各省、自治区、直辖市及计划单列市人民政府规定，以及财政部门核定的预算执行。

（四）农村基础设施建设支出。从土地出让收入中安排用于农村饮水、沼气、道路、环境、卫生、教育以及文化等基础设施建设项目支出，按照各省、自治区、直辖市及计划单列市人民政府规定，以及财政部门核定的预算执行。

第十七条 城市建设支出。含完善国有土地使用功能的配套设施建设以及城市基础设施建设支出。具体包括：城市道路、桥涵、公共绿地、公共厕所、消防设施等基础设施建设支出。

第十八条 其他支出。包括土地出让业务费、缴纳新增建设用地有偿使用费、国有土地收益基金支出、城镇廉租住房保障支出以及支付破产或改制国有企业职工安置费用等。

（一）土地出让业务费。包括出让土地需要支付的土地勘测费、评估费、公告费、场地租金、招拍挂代理费和评标费用等，按照财政部门核定的预算安排。

（二）缴纳新增建设用地土地有偿使用费。按照《财政部、国土资源部、中国人民银行关于调整新增建设用地土地有偿使用费政策等问题的通知》（财综〔2006〕48号）规定执行。

（三）国有土地收益基金支出。从国有土地收益基金收入中安排用于土地收购储备的支出，包括土地补偿费、安置补助费、地上附着物和青苗补偿费、拆迁补偿费以及前期土地开发支出，按照地方人民政府批准的收购土地补偿方案、拆迁补偿方案以及财政部门核定的预算执行。

（四）城镇廉租住房保障支出。按照《财政部、建设部、国土资源部关于切实落实城镇廉租住房保障资金的通知》（财综〔2006〕25号）规定以及财政部门核定的预算安排。

（五）支付破产或改制国有企业职工安置费用支出。根据国家有关规定，从破产或改制国有企业国有土地使用权出让收入中，安排用于支付破产或改制国有企业职工安置费用支出。

第十九条 土地出让收入的使用要确保足额支付征地和拆迁补偿费、补助被征地农民社会保障支出、保持被征地农民原有生活水平补贴支出，严格按照有关规定将被征地农民的社会保障费用纳入征地补偿安置费用，切实保障被征地农民的合法利益。在出让城市国有土地使用权过程中，涉及的拆迁补偿费要严格按照《城市房屋拆迁管理条例》（国务院令第305号）、有关法律法规和省、自治区、直辖市及计划单列市人民政府有关规定支付，有效保障被拆迁居民、搬迁企业及其职工的合法利益。

土地出让收入的使用要重点向新农村建设倾斜，逐步提高用于农业土地开发和农村基础设施建设的比重，逐步改善农民的生产、生活条件和居住环境，努力提高农民的生活质量和水平。

土地前期开发要积极引入市场机制、严格控制支出，通过政府采购招投标方式选择评估、拆迁、工程施工、监理等单位，努力降低开发成本。

城市建设支出和其他支出要严格按照批准的预算执行。编制政府采购预算的，应严格按照政府采购的有关规定执行。

第二十条　建立对被征地农民发放土地补偿费、安置补助费以及地上附着物和青苗补偿费的公示制度，改革对被征地农民征地补偿费的发放方式。有条件的地方，土地补偿费、安置补助费以及地上附着物和青苗补偿费等相关费用中应当支付给被征地农民个人的部分，可以根据征地补偿方案，由集体经济组织提供具体名单，经财政部门会同国土资源管理部门审核后，通过发放记名银行卡或者存折方式从地方国库中直接支付给被征地农民，减少中间环节，防止被截留、挤占和挪用，切实保障被征地农民利益。被征地农民参加有关社会保障所需的个人缴费，可以从其所得的土地补偿费、安置补助费中直接缴纳。

第四章　收支科目管理

第二十一条　删除《2007 年政府收支分类科目》收入分类 103 类"非税收入"项下 01 款"政府性基金收入"32 项"国有土地使用权出让金收入"及目级科目。

第二十二条　为准确反映土地出让收入状况，在《2007 年政府收支分类科目》103 类"非税收入"01 款"政府性基金收入"科目中，分别设立下列科目：

（一）设立 46 项"国有土地使用权出让金收入"科目。

01 目"土地出让总价款"，科目说明为：反映以招标、拍卖、挂牌和协议方式出让国有土地使用权所取得的总成交价款，扣除财政部门已经划转的国有土地收益基金和农业土地开发资金后的余额。

02 目"补缴的土地价款"，科目说明为：反映划拨国有土地使用权转让或依法利用原划拨土地进行经营性建设应当补缴的土地价款、处置抵押划拨国有土地使用权应当补缴的土地价款、转让房改房和经济适用住房按照规定应当补缴的土地价款以及出让国有土地使用权改变土地用途和容积率等土地使用条件应当补缴的土地价款。

03 目"划拨土地收入"，科目说明为：反映土地使用者以划拨方式取得国有土地使用权，依法向市、县人民政府缴纳的土地补偿费、安置补助费、地上附着物和青苗补偿费、拆迁补偿费等费用。

99 目"其他土地出让金收入"，科目说明为：反映国土资源管理部门依法出租国有土地向承租者收取的土地租金收入、出租划拨土地上的房屋应当上缴的土地收益等其他土地出让收入。

（二）设立 47 项"国有土地收益基金收入"，科目说明为：反映从招标、拍卖、挂牌和协议方式出让国有土地使用权所取得的总成交价款中按照规定比例计提的国有土地收益基金。

（三）设立 48 项"农业土地开发资金收入"，科目说明为：反映从招标、拍卖、挂牌和协议方式出让国有土地使用权所取得的总成交价款中按照规定比例计提的农业土地开发资金。

第二十三条 为规范土地出让支出管理，对《2007 年政府收支分类科目》支出功能分类 212 类"城乡社区事务"08 款"国有土地使用权出让金支出"科目进行下列调整：

（一）将 01 项"前期土地开发支出"，修改为"征地和拆迁补偿支出"，科目说明调整为：反映地方人民政府在征地过程中支付的土地补偿费、安置补助费、地上附着物和青苗补偿费、拆迁补偿费支出。

（二）将 02 项"土地出让业务费用"，修改为"土地开发支出"，科目说明调整为：反映地方人民政府用于前期土地开发性支出以及与前期土地开发相关的费用等支出。

（三）将 03 项"城市建设支出"科目说明修改为：反映土地出让收入用于完善国有土地使用功能的配套设施建设和城市基础设施建设支出。

（四）将 04 项"土地开发支出"，修改为"农村基础设施建设支出"，科目说明调整为：反映土地出让收入用于农村饮水、沼气、道路、环境、卫生、教育以及文化等基础设施建设支出。

（五）将05项"农业土地开发支出"，修改为"补助被征地农民支出"，科目说明调整为：反映土地出让收入用于补助被征地农民社会保障支出以及保持被征地农民原有生活水平支出。

（六）设立06项"土地出让业务支出"，科目说明调整为：反映土地出让收入用于土地出让业务费用的开支。

（七）保留07项"廉租住房支出"，科目说明为：反映从土地出让收入中安排用于城镇廉租住房保障的支出。

（八）将99项"其他土地使用权出让金支出"科目说明修改为：反映从土地出让收入中支付缴纳新增建设用地土地有偿使用费、支付破产或改制国有企业职工安置费等支出。

第二十四条　在212类"城乡社区事务"中设立10款"国有土地收益基金支出"，科目说明为：反映从国有土地收益基金收入中安排用于土地收购储备等支出。

01项"征地和拆迁补偿支出"，科目说明为：反映从国有土地收益基金收入中安排用于收购储备土地需要支付的土地补偿费、安置补助费、地上附着物和青苗补偿费、拆迁补偿费支出。

02项"土地开发支出"，科目说明为：反映从国有土地收益基金收入中安排用于收购储备土地需要支付的前期土地开发性支出以及与前期土地开发相关的费用等支出。

99项"其他支出"，科目说明为：反映从国有土地收益基金收入中安排用于其他支出。

第二十五条　在212类"城乡社区事务"中设立11款"农业土地开发资金支出"，科目说明为：反映从农业土地开发资金收入中安排用于农业土地开发的支出。

第二十六条　在《2007年政府收支分类科目》支出经济分类科目310类"其他资本性支出"中增设下列科目：

（一）09款"土地补偿"，科目说明为：反映地方人民政府在征地和收购土地过程中支付的土地补偿费。

（二）10款"安置补助"，科目说明为：反映地方人民政府在征地和收购土地过程中支付的安置补助费。

（三）11款"地上附着物和青苗补偿"，科目说明为：反映地方人民政府在征地和收购土地过程中支付的地上附着物和青苗补偿费。

（四）12 款"拆迁补偿"，科目说明为：反映地方人民政府在征地和收购土地过程中支付的拆迁补偿费。

第二十七条 国有土地使用权出让金支出、国有土地收益基金支出、农业土地开发资金支出应根据经济性质和具体用途分别填列支出经济类相关各款。

【存款量分析】

存款量起步在 5000 万元以上，土地出让收入属于地方政府极为重要的收入来源，一些省会城市年度出让土地收入超过百亿元。

土地出让金一般会专户存储，定向用于相关部门批准的重要项目支出，这类资金沉淀的时间会较长。

【开发难度】

开发难度较大，需要银行给地方政府提供巨大支持后，地方政府会将大量的土地资金存放在银行。银行支持地方政府的方式无外乎是提供大额贷款、大额政府基金募集后，地方政府会给银行提供土地出让金存款。

【案例】

寿新市土地储备大额存款业务

寿新市属于县级市，位于渤海莱州湾西南岸，总面积 2180 平方千米，总人口 120 万人。2010 年下辖 5 个街道、9 个镇。市政府驻圣城街道。

寿新市的批发市场是全国最大的蔬菜集散中心，益羊铁路、济青高速公路穿境而过。境内古文化遗址 140 多处，其中边线王龙山文化城堡是中国迄今发现的龙山文化城堡中最大的一座，纪国故城遗址、呙宋台遗址属省级重点文物保护单位。烈士陵园为省级文物保护单位。

寿新市被住房和城乡建设部评为首批"国家生态园林城市"。

该市的土地出让收入高达 50 亿元，需要全额存入银行，当地某银行通过提供 3 亿元的政府项目贷款，获得政府高达 10 亿元的土地出让金存款。

第七招　地方融资平台公司存款

【目标对象】

存款的目标对象是地方融资平台公司。

所谓地方融资平台，是指由地方政府发起设立，通过划拨土地、股权、规费、国债等资产，形成一个资产和现金流均可达融资标准的公司，必要时再辅之以财政补贴作为还款承诺，以实现承接各路资金的目的，进而将资金运用于市政建设、公用事业等。

地方融资平台主要表现形式为地方城市建设投资公司，其名称可以是某城建开发公司、城建资产经营公司等。

【使用产品】

使用产品包括项目贷款、发债承销、商业承兑汇票保贴或保押。

1. 大额项目贷款。地方融资平台上的公司一般负责本地重大项目的建设投融资。

银行可以通过扶持地方融资平台上的公司，提供大额项目贷款的方式，积极换取当地的财政存款。

2. 发债承销。地方政府发债金额往往巨大，银行可以以帮助地方政府发债的方式，换取地方政府的配套存款。

3. 商业承兑汇票保贴或保押。由银行对地方融资平台核定授信额度，由地方融资平台对上游施工企业签发商业承兑汇票支付工程款，银行提供商业承兑汇票保贴服务或换开银行承兑汇票服务，换取地方融资平台存款。

中小城市商业银行或农村商业银行注册资本有限，往往对单一集团客户有贷款额度限制，可以采取商业承兑汇票的授信思路，由于并没有实际对地方融资平台发放贷款，因此不会受单一客户贷款集中度的限制。

【业务流程图】

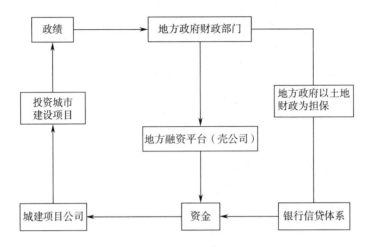

地方融资平台公司存款流程

【存款量分析】

存款量起步在 5000 万元以上。

【开发难度】

开发难度较小，地方融资平台上的公司极为缺乏资金，会配合银行的贷款要求。

可以直接电话联系平台上的各家公司，提出银行可以贷款的服务，与客户深度合作。

【案例】

××市保障房建设发展有限公司授信方案

一、企业基本情况

××市保障房建设发展有限公司由房地产管理局（公房管理中心）、国土资源局（土地储备中心）、交通集团和城建集团四家市级单位共同出资设立。该公司的成立将形成统一的平台，整合保障房的规划、融资、建设、管理等多个环节。

中国住房刚性需求较大，但房价偏高，导致普通百姓住房困难。各省市已经加大土地供应，今后将陆续公布保障性住房用地计划，这将极大地缓解百姓的住房需求。

××市将统筹建设4个项目，总投资约285亿元，分别为迈皋桥创业园、西华岗及周边、西善桥岱山西侧、江宁上坊北侧项目。4个项目的初步规划总用地约5.56平方千米，总建筑规模约937万平方米，其中经济适用房（拆迁安置房）约440万平方米（6万套），中低价商品房约40万平方米，配建廉租房、公共租赁房约51万平方米（各5000套）。

此次提供授信的具体项目情况如下：

江宁上坊北侧地块：该项目位于长沙市江宁区上坊老镇北侧，总用地面积113公顷（其中建设用地65公顷），规划总建筑面积约166万平方米，其中住宅面积约144万平方米。配建幼儿园4所、小学1所、初中1所、1个居住社区中心及4个基层社区中心、公交首末站1处、变电所1处、雨水泵站1处、垃圾中转站1处。

总投资约65亿元（不含中低价和普通商品房），其中前期拆迁费用为8亿元，含征地费用2.2亿元，拆迁费用5.8亿元。

二、银行提供授信方案

【业务流程图】

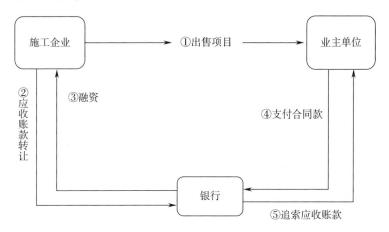

银行授信流程

1. 授信的优势。

银行授信用于江宁上坊项目的前期征地拆迁，总投资8亿元，自有资金比例为20%，已到位，还款来源为未来的经济适用房销售（销售不成问题），信贷资金实施封闭运作，风险相对可控。

2. 授信的劣势。

（1）项目总投资较大，自有资金比例为20%，银行融资为80%，对银行贷款的依赖性较大。

（2）由于项目工期比较紧张，公司对整体项目的资金平衡预算不够详细。

（3）区域内土地涉及农用地，需报国务院及省级土地主管部门审批，由于工期较紧，用地手续不完善。

3. 授信品种及期限。

银行提供流动资金贷款6.4亿元，占总投资的80%，期限为2年。

还款来源：（1）普通商品房的土地出让金收入（约6.5亿元）；（2）区域内经济适用住房的销售预付款；（3）××指挥部土地出让金补偿25亿元（已通过市政府2010年第53号会议纪要）；（4）××市房产局"××市廉租住房保障专项资金"可提供回购，该项基金已筹集15亿元。

4. 风险缓释措施。

（1）××市城市建设投资控股（集团）有限责任公司提供连带责任担保。

（2）××市专门成立"××市保障住房建设发展有限公司"来统一全市的政策性住房建设，这在全国尚属首例，同时××市政府专门成立了"××市保障房建设指挥部"，保证了××市保障房建设的规范运作。

（3）加强对信贷资金的专户管理，要求××保障房建设发展有限公司负责的4个项目资金对立封闭运作，各项目之间资金不得混用。确保银行针对上坊项目发放的征地及拆迁资金用途合规：对于征地资金，直接支付给国土部门，对于拆迁资金，要求具体拆迁实施单位在银行开立专户，拆迁资金封闭运作，保证拆迁资金必须支付给被拆迁单位，确保资金不被挪用。

（4）与××市房产部门做好沟通，及时把握该项目的进展，及时了解保障性住房建设过程中可能出现的问题，对涉及银行信贷资金安全的情况及时进行化解。

（5）××市房产部门单独向银行出具还款承诺函。当借款人因任何原因发生到期无法偿还银行贷款本息的情况时，由××市房产部门对项目进行回购，回购款项用于偿还银行贷款本息，回购金额必须覆盖银行贷款本息及相关费用。××市房产部门回购资金为"××市廉租住房保障专项资金"。

【点评】

　　各地保障性住房建设工作量极大，银行可以将保障性住房融资作为重要的切入点，针对各地的保障性住房建设主体提供融资。银行提供融资切忌只关注借款人本身，还应当考虑上游的施工企业和材料供应商。

第八招　地方各类协会存款

【目标对象】

存款的目标对象是地方各类协会。

存款量较大的包括中国证券投资基金业协会、中国股权投资基金协会、中国企业家协会、中国汽车工业协会、中国互联网协会、中国律师协会。

地方各类协会往往属于政府机构的影子企业，承担了部分政府的管理职能，属于非常有权势的机构，每年收取的会费惊人。

【使用产品】

使用产品包括大额存款、银行理财等。

大额存款。各类协会收取的会费属于自身收入，需要一定的增值，才可以维持日常运营。

银行理财。很多协会有较强的理财意识，可以提供银行理财产品服务。

【存款量分析】

存款量起步在 500 万元以上。

协会经费来源包括：

1. 会费；

2. 社会捐赠；

3. 会员赞助；

4. 政府资助；

5. 协会举办的事业收入；

6. 利息；

7. 其他合法收入。

一般一个地方政府组织的协会都有 1000 个以上的会员，每个会员缴纳 1 万元会费，收入就有 1000 万元以上。

【开发难度】

开发难度一般，需要一定的相关人力资源。

【案例】

××市律师协会存款

××市律师协会是依法成立的社会团体法人，是××律师的自律性行业组织，依据《中华人民共和国律师法》《××市律师协会章程》，对××执业律师实行行业管理。

××市律师协会始建于 1952 年，恢复于 1979 年 8 月 10 日，1982 年 4 月召开了第一次××律师代表大会。

××市律师协会以维护宪法和法律的尊严，维护会员的合法权益，维护行业的整体利益，反映会员诉求，为会员的执业提供服务为宗旨，以管理、教育、监督会员，规范会员执业行为，提高会员的职业操守和执业能力，发展律师事业，促进国家法治建设及社会的文明和进步为目标。

拥有会员超过 1 万人，每年每人收取会费 500 元，每年会费收入高达 500 万元。在银行的存款沉淀超过 1000 万元。

【文本示范】

合作协议书

编号：

甲方：

负责人：

地址：

乙方：

法定代表人：

地址：

为加强双方业务合作，为借款人提供优质的融资服务，根据《合同法》《担保法》等法律法规，经甲乙双方协商一致，就双方合作事宜达成如下协议：

第一条 定义

除本协议另有约定外，本协议所用术语还具有以下含义：

借款人是指向甲方申请办理信贷业务的协会会员单位。

第二条 合作内容

2.1 借款人向甲方申请办理信贷业务，乙方为借款人提供连带责任保证。

2.2 担保的主债权具体情况，根据双方在具体办理业务时签订的保证合同确定。

2.3 甲方指定银行为合作事项承办行，为了支持协会内部会员企业的发展，甲方针对具体情况为乙方提供担保的企业提供贷款。

第三条 担保贷款

3.1 贷款品种

根据乙方协会会员的实际情况，甲方根据授信政策，在经营的贷款品种内为乙方协会会员审核、发放联保贷款。

3.2 授信额度

乙方协会会员的单户授信金额最高为300万元，具体贷款金额由甲方审核确定，最终以甲方与协会会员签署的相应业务合同为准。

3.3 贷款利率

针对会员企业具体情况，银行对协会会员的贷款利率按银行同期贷款利率上浮＿＿％执行，最终以甲方与协会会员签署的相应业务合同为准。

第四条 担保措施

4.1 根据乙方协会成员的实际情况，协会成员按小组划分，由小组内成员互相承担连带责任。

4.2 担保费由借款人承担，并直接支付给乙方。具体担保费率由乙方与借款人协商确定。

第五条 担保责任的承担

5.1 借款人没有按照法律规定或合同约定按时、足额履行还款义务时，乙方应当自接到甲方通知之日起10个工作日内要求借款人所在小组其他成员代为履行还款义务。

5.2 协会小组成员履行代偿义务后，即享有对借款人的追偿权利。

第六条　甲方的权利和义务

6.1　在办理具体信贷业务时，如遇有与本协议约定不符的情况，或掌握确凿的不适于为借款人提供信贷业务证据的情形下，有权独立决定是否对借款人办理信贷业务、是否接受乙方提供的担保。

6.2　有权调查了解乙方的经营情况和风险控制情况。

6.3　有权根据本协议第五条和相关合同约定要求乙方履行担保责任。

6.4　借款人出现贷款逾期、欠息等违约信息及其他重大风险信息时，应及时通知乙方。

第七条　乙方的权利和义务

7.1　对担保业务进行独立调查，并自行决定是否为借款人提供担保。

7.2　按甲方要求及时提供经营信息和有关资料，包括财务报表、对外担保情况等，配合甲方的调查和贷后检查。

7.3　对与甲方及甲方员工存在的关联关系（关联关系是指乙方法定代表人、董事会成员、总经理、财务负责人、股东是甲方在职员工的近亲属，或者是甲方的离职员工，或者与甲方、甲方员工存在其他可能产生较大影响的密切关系）作出充分的书面披露。

7.4　自身或者借款人出现可能对甲方债权产生不利影响的事件时，应当及时通知甲方。

第八条　保密条款

双方因签署、履行本协议过程中所获得的对方商业秘密以及其他未公开的信息、本协议以及与本协议相关的文件、信息、数据等，任何一方不得对外透露和使用。

第九条　违约责任

甲乙双方应当严格按照本协议和相关保证合同约定履行各项义务，如因违反约定给对方造成损失，应当承担赔偿责任。

第十条　通知事项

10.1　双方地址见本协议首页，任何一方地址如有变更，应提前10个工作日书面通知对方。

10.2　双方以挂号信、传真、特快专递的方式，就处理合作事务过程中需要通知的事项通知对方。通知在下列日期视为送达：

（1）由挂号信邮递，发出通知一方持有的挂号信回执所示日。

（2）由传真传送，收到回复码或成功发送确认条的情况下的第一个工作日。

（3）由特快专递发送，被通知方签收的当日。未签收的，以发出的第四个工作日视为送达。

第十一条　其他事项

11.1　本协议自双方法定代表人或授权委托人签字或盖章并加盖公章或合同专用章之日起生效。

11.2　本协议的签署、生效、履行、解释、修改和终止等事项均适用中华人民共和国现行法律、行政法规及规章。

11.3　本协议履行中产生的争议，由双方协商解决。协商不成的，任何一方均可向双方住所地有管辖权的人民法院起诉。

11.4　本协议正本一式____份，由甲乙双方各持____份。

甲方（公章）：　　　　　　　　乙方（公章）：

法定代表人或授权代理人：　　　法定代表人或授权代理人：

　　年　　月　　日　　　　　　　年　　月　　日

第九招　地方专项基金存款

【目标对象】

存款的目标对象是地方专项基金。

地方专项基金在我国是仅次于税收的第二大财政收入来源。

地方专项基金是指各级政府及其所属部门根据法律、行政法规和中共中央、国务院有关文件的规定，为支持某项公共事业的发展，向公民、法人和其他组织无偿征收的具有专项用途的财政资金。

比较常见的地方专项基金有民航发展基金、国家电影事业发展专项资金。

按征收对象是否特定划分，地方专项基金可划为两类。一类面向所有社会成员征收，以三峡基金为代表，民航发展基金、国家电影事业发展专项资金也是这类。另一类面向特定行业或阶层征收，以铁路建设基金为代表。

中央和地方政府分享的地方专项基金收入有 11 项，分别是：

港口建设费收入、文化事业建设费收入、国家电影事业发展专项资金收入、新增建设用地土地有偿使用费收入、森林植被恢复费收入、南水北调工程基金收入、大中型水库库区基金收入、彩票公益金收入、国家重大水利工程建设基金收入、船舶港务费收入、无线电频率占用费收入。

中央政府独有的政府性基金收入有 17 项（金额过百亿元），分别是：

中央农网还贷资金收入、铁路建设基金收入、民航发展基金收入、旅游发展基金收入、中央水利建设基金收入、农田水利建设资金收入、大中型水库移民后期扶持基金收入、三峡水库库区基金收入、中央特别国债经营基金财务收入、长江口航道维护收入、核电站乏燃料处理处置基金收入、可再生能源发展基金收入、船舶油污损害赔偿基金收入、铁路资产变现收入、电力改革预留资产变现收入、废弃电器电子产品处理基金收入、烟草企业上缴专项收入。

地方独有的政府性基金收入有 17 项（金额过百亿元），分别是：

地方农网还贷资金收入、转让政府还贷道路收费权收入、散装水泥专项资金收入、新型墙体材料专项基金收入、地方教育附加收入、新菜地开发建设基金收入、育林基金收入、地方水利建设基金收入、残疾人就业保障金收入、政府住房基金收入、城市公用事业附加收入、国有土地使用权出让金收入、国有土地收益基金收入、农业土地开发资金收入、城市基础设施配套费收入、小型水库移民扶助基金收入、车辆通行费收入。

【使用产品】

1. 监管账户。各类政府专项资金、各项中央拨款都会要求进行专户存储，定向使用，严格接受审计，这类资金使用效率通常较低。

2. 资金对账服务。银行定期出具存款对账报告，便于各类对账审计用。

【存款量分析】

存款量起步在 1 亿元以上，地方政府各项专项基金资金量极为惊人，而且沉淀存款非常稳定。

【开发难度】

开发难度较大，需要银行客户经理依托分行开展，分行高层具备极强的相关人力资源。此类专项基金甚至需要总行高层介入。

第十招　新三板企业存款

【目标对象】

存款的目标对象是新三板挂牌企业。

全国中小企业股份转让系统（以下简称新三板）是经国务院批准设立的全国性证券交易场所，全国中小企业股份转让系统有限责任公司为其运营管理机构。

【使用产品】

使用产品包括流动资金贷款、监管账户、银行承兑汇票及可转股贷款。

1. 流动资金贷款。新三板企业普遍属于中小企业，需要大额的流动资金贷款。

2. 监管账户。新三板企业存在大量定向增发机会，定向增发募集的资金都需要进行监管。

3. 银行承兑汇票。可以对新三板企业核定银行承兑汇票额度，为这些新三板企业签发银行承兑汇票。

4. 可转股贷款。新三板企业一般都有转主板的动力，对这类企业可以积极提供投行类可转股贷款，首先提供贷款，在新三板企业明显有上市可能的时候，将银行贷款转成股本融资。

【存款量分析】

存款量起步在500万元以上。新三板企业普遍资金量尚可，通过签发银行承兑汇票等，会给银行带来较为客观的回报。

银行还可以积极捕捉新三板企业的定向增发机会，吸收监管存款。

【开发难度】

开发难度较小，新三板企业普遍属于中小企业，对银行依赖极大。属于挂牌企业，受到一定的监管，经营相对规范，重视自身信誉。

通过当地的新三板协会等组织进行开发，通常效率会较高。

【案例】

宏××科技拟质押股权 1000 万股用于申请贷款

2017 年 3 月 7 日，宏××科技发布股权质押公告。公告显示，公司股东赵××质押 1000 万股，占公司总股本的 16.67%。

在本次质押的股份中，1000 万股均为有限售条件的股份。质押期限为 2017 年 3 月 6 日起至 2019 年 3 月 1 日止。

因公司向××银行股份有限公司××分行申请贷款，公司控股股东通过质押所持公司股份为此次贷款提供担保，公司股东王××以个人房产进行抵押，同时股东赵××、王××和刘××为此贷款提供最高额连带责任保证。质押权人为××银行股份有限公司××分行，质押权人与质押股东不存在关联关系。质押股份已在中国结算办理质押登记。

本次质押股份占公司总股本的 16.67%，是公司控股股东为公司贷款向银行提供担保，此次贷款有助于公司生产经营。由于公司经营状况良好，该笔股权质押所担保的主债务到期不能偿还而致使质权人行使权利的可能性较小，故预计对公司控制权产生影响的可能性较小。

公开资料显示，宏××科技于 2015 年 1 月 27 日在新三板挂牌，属于新三板基础层企业，转让方式为做市转让，公司主要从事新型功率半导体芯片、分立器件和模块的设计、研发、生产和销售。

第十一招　超市企业存款

【目标对象】

存款的目标对象是大型超市企业。

大型超市名录：

联华超市股份有限公司、家乐福（中国）管理咨询服务有限公司、康成投资（中国）有限公司（大润发）、华润万家有限公司、苏果超市有限公司（江苏）、沃尔玛（中国）投资有限公司、农工商超市（集团）有限公司、物美控股集团有限公司、新一佳超市有限公司、好又多管理咨询服务（上海）有限公司、华联超市股份有限公司、文峰大世界连锁发展股份有限公司、利群集团股份有限公司、上海康诚仓储有限公司（TESCO乐购）、卜蜂莲花、锦江麦德龙现购自运有限公司、武汉中百连锁仓储超市有限公司、人人乐连锁商业集团股份有限公司、北京京客隆商业集团股份有限公司、江苏时代超市有限公司、北京华联综合超市股份有限公司、山东家家悦集团有限公司、山东新星集团有限公司、山东潍坊百货集团股份有限公司、欧尚（中国）投资有限公司、永辉集团有限公司、武汉武商量贩连锁有限公司、福建新华都购物广场股份有限公司、步步高商业连锁股份有限公司、永旺（中国）、成都红旗连锁有限公司、三江购物俱乐部股份有限公司、四川省互惠商业有限责任公司、北京美廉美连锁商业有限公司、武汉中商集团股份有限公司、华联集团吉买盛购物中心有限公司、青岛维客集团股份有限公司、山西美特好连锁超市股份有限公司、河北保龙仓商业连锁经营有限公司、加贝物流股份有限公司、北京超市发连锁股份有限公司、浙江人本超市有限公司、山西省太原唐久超市有限公司、江西洪客隆实业有限公司、漯河双汇商业连锁有限公司、浙江华联商厦有限公司、浙江供销超市有限公司、阜阳华联超市有限公司、安徽省徽商集团食品有限公司、合肥百大合家福连锁超市有限责任公司、华普超市有限公司、青岛利客来商贸集团股份有限公司、江苏新合作常客隆连锁超市有限公司、哈尔滨中央红集团股份有限公司、淄博东泰集团、上海良友金伴便利连锁有限公司、东莞市糖酒集团美宜佳便利店有限公司、北京华冠商贸有限公司、山东九州商业集团有限公司、湖南家润多超市有限公司、哈尔滨联强商业发展有限公司、深圳市民润农产品配送连锁商业有限公司、江苏超越超市连锁发展有限公司、唐山华盛超市有限公司、上海捷强烟草糖酒（集团）连锁有限公司、天津市津工超市有限责任公司、济南华联超市有限公司、佛山市顺德区乐从供销集团顺客隆商场有限公司、唐山瑞莎实业集团有限公司、广西南宁康迈商业有限责任公司利客隆超市、浙江华之友商贸有限公司、新疆好家乡超市有限公司、河北国大连锁商业有限公司、河北惠友商业连锁发展有限公司、唐山市金客隆超市有限公司、山东胜利油田胜大超市、北京首航国力商贸有限公司、陕西民生家乐商业连锁有限责任公司、山西金虎便利连锁有限公司、天津劝宝超市有限责任公司、安庆金华联有限公司、河南思达连锁商业有限公司、江苏雅家乐集团有限公司、无锡天惠超市股份有限公司、宁波新江厦连锁超市有限公司、大庆市庆客隆连锁商贸有限公司、江苏家得福投资集团股份有限公司、安徽省台客隆连锁超市有限责任公司、河南大张实业有限公司、襄樊仟吉连锁超市有限公司、江苏千百美超市有限公司、中兴沈阳商业大厦（集团）股份有限公司连锁超市总部、胶南市糖酒副食品总公司、大同市华林有限责任公司、襄樊家万福超市有限公司、淄博政通超市有限公司、东莞市喜洋洋便利店有限公司、东莞市星瀚商贸有限公司。

【使用产品】

1. 供应链融资。银行对超市核定授信额度，将具体的发放贷款的对象核定为超市供应商，供应商可以为银行贡献可观的存款资源，现金流水沉淀和一定的贷款利息收入。

2. 银行承兑汇票。银行给这类客户办理银行承兑汇票，吸收保证金存款。

3. 预付费卡资金监管。超市往往热衷于发行预付费卡，超市提前获得巨大的资金沉淀，属于预收款性质，银行可以获得巨额存款资源。

【营销思路】

1. 企业网银。企业网上银行目前已将大部分柜面业务实现了电子化，并结合网络渠道特点研发各类特色业务产品，包括信息查询、转账支付、综合理财、开放式基金、网上开证、票据管家、集团服务、零余额、虚拟账户、电子回单、网上对账单、行业信息增值服务等。

2. 票据管家。基本业务包括以代保管为基础的存票、取票、贴现、委托收款、质押项下资产等业务；衍生业务是指在可用额度内办理的存票、取票、贴现、委托收款、资产等业务。

3. 零余额。零余额的核心意义就是账户余额为零，适用于集团性财务管理范畴。在零余额账户系统下，集团公司设立一个主账户，并与所有的 ZBA 账户（总公司账户或分公司账户）连接，各个 ZBA 账户当日期初余额为零。当某个 ZBA 账户被提示付款时，资金就从主账户自动划拨至该账户进行对外支付；当 ZBA 账户有现金收入时，款项直接由该账户自动实时上划或日终上划至集团公司主账户，形成上存资金，当日期末各 ZBA 账户余额仍然为零，由此主账户便可汇总下属公司设在银行里的所有账户的余额。为使资金集中过程简化，降低交易成本，通常一个零余额系统的所有 ZBA 账户均设在一个银行。

4. 网络收银机。网络收银机是一个基于互联网的收付款平台系统，该系统集成了商用收银机、银行卡刷卡机和网关支付等多项功能，为商户提供安全、快捷、方便的收银服务。

5. 零钞配送。针对零售行业的特征，银行提供零钞配送，紧贴客户需求。

【超市供应链流程图】

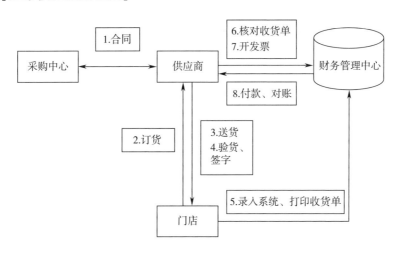

超市供应链流程

1. 供应商与零售业店采购管理中心签订年度商品采购协议。

2. 零售业各门店或配送中心通过网络、传真、电话或当面向供应商下供货订单。

3. 供应商凭订单向门店或配送中心预约送货。

4. 门店或配送中心专人验货，双方在送货单上签字确认。

5. 门店或配送中心凭签字的送货单录入系统，并打印收货单，其中一联返还供应商。一般收货单是供应商结算的必须凭证。

6. 供应商通过"供应链管理系统"核对送货清单，核对后若有出入则根据收货单赴零售业店财务管理中心提请补录。

7. 供应商按协议约定每月定期向零售业店开具上月供货发票（扣减退补项），并将发票直接送交其财务管理中心。

8. 财务中心收到发票后录入"供应链管理系统"约一周后，支付上期发票货款，同时扣减供应商应付各种费用。供应商通过"供应链管理系统"进行往来账查询和对账。

【存款量分析】

存款量起步在1000万元以上，大型超市一般年度流水都在5亿元以上，如果银行注意使用银行承兑汇票这个产品，会给银行贡献极为可观的保证金存款。

【开发难度】

开发难度一般，需要通过超市作为切入资源，银行营销应当高位介入。首先，开发民营超市的董事长、总经理等有决策权限的人物，获得合作的机会；其次，应当开发超市采购部门，获得超市的供应商名录，批量开发超市供应商资源。

银行与具有较高知名度和旺盛人流的大型综合超市或商场进行合作，即大型超市、商场或大卖场等零售企业（比如沃尔玛、家乐福、物美、京客隆、华联、华润万家等），为其提供配套商品或服务。对于具有供应链特征的企业集群，借款主体为上述企业集群的法人、股东或实际控制人，以及重点支持北京地区大型垄断型企业（比如国有垄断企业、世界500强或中国500强、全国品牌企业等）为核心的上下游企业。

【开发流程图】

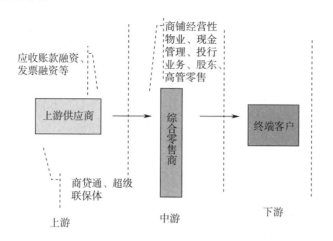

超市企业存款开发流程

【案例】

北京××超市有限公司供应链融资

北京××超市有限公司，注册资本2000万元，年度销售额超过20亿元。第一家超市开业后，购物场景异常火爆。顾客发现在这里不仅不用看营业员的脸色买东西，还切身感受到了超市购物的实惠，平均每样东西都要便宜20%左右。例如，当时最畅销的长城干红葡萄酒，传统商店卖到20多元钱，而这家超市只卖15元钱；女士高筒丝袜，传统商店10元左右，这家超市只卖5元钱。

银行考虑到北京××超市有限公司有超过100家供应商，每家供应商有平均50万元的应收账款，银行采取供应链融资的方式进入。

银行对北京××超市有限公司核定5000万元的保理付款担保额度，北京××超市有限公司将5000万元的保理付款担保额度切分给50家供应商，每家供应商平均50万元。

每家供应商均采取签发银行承兑汇票的方式用信，需要缴存50%的保证金，另50%敞口占用切分的担保额度。

银行总计签发1亿元银行承兑汇票，获得5000万元存款。

第十二招　地方电力公司资金存款

【目标对象】

地方电力公司资金存款的目标对象是电力公司，各大电力公司都属于资金密集型客户，资金流量极大，非常值得拓展。

【使用产品】

1. 资金归集。帮助地方电力公司作为下属分子公司的资金归集。

2. 代收电费。帮助各地方电力公司收取电费，电费收入涉及的客户面极广，客户数量极多，下沉极深。

3. 票据贴现。电费很多都是票据支付，所以，各地电力公司需要在银行办理放弃追索权票据贴现业务。

4. 商业承兑汇票保贴。地方电力公司日常采购金额巨大，银行可以对电力公司签发的商业承兑汇票提供保贴或保押换开银行承兑汇票服务。

【存款量分析】

存款量起步在 5000 万元以上。对电力公司最有效的营销方式不是大额的信贷投入，而是提供电力公司最关心的电费收取等服务。

【开发难度】

开发难度较大。电力公司属于垄断性企业，议价能力极强，而且属于高度集权的客户，往往需要自上而下开发，在国家电网公司、南方电网公司以及各省级电力公司具备一定的相关资源才可以更好地开发。

【案例】

××市电力公司银行承兑汇票买断业务

××市电力公司是国家电网公司所属省级电力公司，其前身是 1905 年创建的京师××电灯股份有限公司。经过几代电力人的励精图治和不懈努力，该电力公司已经发展成为一家特大型现代电力企业，负责市电网的建设和运营，公司的主营业务是为该地区的所有用电客户提供电力供应和销售，同时承担着保障各类重大文化交流活动安全可靠供电的重要使命。

××市电力公司供电面积为 1.64 万平方千米，在保障该地区的能源安全、服务经济社会发展、提高市民生活水平等方面发挥着重要作用。

该电力公司大量收到银行承兑汇票支付电费，银行帮助该电力公司办理银行承兑汇票买断业务。

第十三招　委托贷款拓展存款

【目标对象】

委托贷款拓展存款的目标对象是房地产开发商、上市公司等。

委托贷款的借款人往往都是开发商，开发商往往可以承接较高的价格，而且有房地产作为硬抵押，较为容易地办理委托贷款。

【使用产品】

使用产品包括委托贷款、银行承兑汇票以及委托贷款与银行承兑汇票期限错配制造存款。

1. 委托贷款，是指由委托人提供合法来源的资金转入委托银行的一般委存账户，委托银行根据委托人确定的贷款对象、用途、金额、期限、利率等代为发放、监督使用并协助收回的贷款业务。委托人可以是政府部门、企事业单位和个人等。

委托人及贷款人应当是经工商行政管理机关（或主管机关）核准登记的企（事）业单位，其他经济组织、个体工商户，或者具有完全民事行为能力的自然人；已在业务银行开立结算账户；委托资金来源必须合法及具有自主支配的权利；申办委托贷款必须独自承担贷款风险；需按照国家地方税务局的有关要求缴纳税款，并配合受托人办理有关代征代缴税款的缴纳工作；符合业务银行的其他要求。

2. 银行承兑汇票。银行对借款人办理委托贷款，借款人收到资金后，银行立即对借款人办理全额保证金银行承兑汇票，银行可以获得极为可观的存款沉淀。

3. 委托贷款与银行承兑汇票期限错配制造存款。

委托贷款期限短些，银行承兑汇票期限长些，委托贷款到期，而银行承兑汇票未到期，利用两个工具期限的错配制造存款。

【存款量分析】

存款量起步在 5000 万元以上。

【开发难度】

开发难度较大。需要银行客户经理具备极强的协调能力，能够识别优质的房地产开发商；能够寻找大额资金，满足委托贷款资金的来源。

【案例】

××基业委托贷款业务

一、对外借款概述

（一）基本情况

1. ××基业股份有限公司（以下简称公司）全资子公司××房地产开发有限公司（以下简称××房地产）、××村镇银行股份有限公司、××空港于 2017 年 1 月 3 日签署委托贷款合同，合同约定××房地产委托××村镇银行股份有限公司向××空港提供 3.4 亿元委托贷款，贷款期限为 12 个月，利率为 12%，委托贷款均为××房地产自筹资金，××空港拟将委托贷款用于补充流动资金。

2. ××房地产、××村镇银行股份有限公司、××实业于 2017 年 1 月 3 日签署委托贷款合同，合同约定××房地产委托××村镇银行股份有限公司向××实业提供 1.6 亿元委托贷款，贷款期限为 12 个月，利率为 12%，委托贷款均为××房地产自筹资金，××实业拟将委托贷款用于补充流动资金。

××空港、××实业与公司无关联交易，公司向其提供借款不属于关联交易。公司董事会对××空港、××实业进行了必要的尽职调查。

（二）担保方基本情况

1. ××空港以其持有的地块提供抵押担保，××实业以其持有的地块提供抵押担保。

2. ××集团为上述两个借款方的借款提供连带责任保证担保。截至 2016 年 11 月 30 日，××集团的总资产为 37.6 亿元，2016 年 1～11 月主营业务收入为 459.32 万元，净利润为 13.30 万元（未经审计）。

××集团与××空港、××实业为同一实际控制人控制的公司。

二、对上市公司的影响

1. 本次委托贷款借款人具有较为丰富的房地产开发经验，其项目团队已开发多个房地产项目，具备较为丰富的房地产开发经验及资源优势。双方拟在日后通过多种方式在房地产开发业务中开展合作，但具体合作事宜尚待双方寻求商业机会。

2. 本次委托贷款具备相应的抵押物，借款人经营正常稳定，公司风险可控。

三、交易风险

本次对外借款存在一定的履约风险，××空港将以其持有的地块为其借款提供抵押担保，××实业将以其持有的地块为其借款提供抵押担保，××集团分别为上述两个借款方提供连带责任保证担保，以降低贷款风险。

四、委托贷款累计金额

截至上述委托贷款合同签署日，连续12个月内公司及下属子公司委托贷款发生额共计5.16亿元（不含本次对外借款），无逾期金额。

【文本示范】

银行三方委托贷款＋银行承兑汇票合作协议

委托人：
名称：
法定代表人：
地址：
邮编：
联系人：
联系电话：

受托人：
名称：
法定代表人：
地址：
邮编：
联系人：
联系电话：

借款人：

名称：

法定代表人：

地址：

邮编：

联系人：

联系电话：

根据委托人和受托人于＿＿年＿＿月＿＿日签署的银行委托贷款业务委托代理协议，并应借款人请求，受托人同意接受委托人的委托向借款人发放该项委托贷款。委托人、受托人与借款人经友好协商，达成以下协议，并共同遵守。

第一章　委托贷款的金额、利率、期限及其他

第一条　委托贷款币种和金额。

此项委托贷款币种为＿＿＿＿＿＿，金额为（小写）＿＿＿＿＿＿（大写）＿＿＿＿＿＿万元。此项贷款为委托贷款。

第二条　贷款利率和计息方式。

本项委托贷款的年利率为＿＿%。按月计息，每月 21 日为结息日，最后一个月的利息随本金一起结清。

第三条　贷款期限。

本项委托贷款的期限为＿＿个月，自＿＿年＿＿月＿＿日起至＿＿年＿＿月＿＿日止。如借款人在经委托人同意后提前归还此项贷款时，则按实际用款天数和用款金额计收利息。

第四条　贷款用途。

本合同下委托贷款用途为＿＿＿＿＿＿。

委托贷款进入借款人账户后，由受托人办理全额保证金银行承兑汇票，帮助借款人完成款项支付。

第五条　用款计划＿＿＿＿＿＿＿＿＿。

第六条　贷款偿还。

借款人的还款计划和还款方式约定如下：

--本贷款的本息按期由受托人负责从借款人存款账户划入委托人指定的账户，委托人指定账户的开户行为_____，账号为_____。

第七条 贷款担保。

委托人确定的本项委托贷款的担保人为_____，担保方式为_____。

第八条 贷款展期。

经委托人、借款人协商一致，委托人、受托人、借款人在贷款到期日前 10 日签订委托贷款展期协议。

第二章　委托人的责任与义务

第九条 委托人在受托人委托资金账户存入足额资金，要求受托人将委托贷款于____日内汇划至借款人的账户。

第十条 委托人自行监督借款人对委托贷款资金的使用。委托人委托代为监督的事项（以下选用的画√，不选用的画×）：

□监督借款人对贷款的使用是否符合本合同规定用途。

□监督项目执行情况。

□协助监督借款人生产经营管理情况。

□协助监督保证人的生产经营管理情况。

第十一条 委托人同意借款人提前还款的，应以书面形式通知受托人为借款人办理提前还款手续。

第十二条 委托人要求将收回的贷款本息划入如下账户：

企业名称：_____

开户行：_____

账号：_____

第十三条 借款人不按期还本付息的，委托人有权要求受托人从借款人账户直接扣取。

第十四条 本项委托贷款实行担保的，委托人应自行对保证人的保证能力，抵（质）押物的权属和价值以及实现抵（质）押权的可行性进行审查。受托人不承担任何审查的义务。

对实行担保的展期贷款，委托人应事先征得担保人的同意，并提前 10

日书面通知受托人与担保人续签展期贷款担保合同。

第十五条　当借款人经营状况恶化，以及出现其他危及委托贷款资金安全的异常情况时，委托人有权要求受托人提前协助收回委托贷款资金。

第十六条　委托人有权直接向借款人催收委托贷款本息或通过法律手段提起诉讼。

第三章　受托人的责任与义务

第十七条　受托人根据委托人签发的商业银行委托贷款放款通知书中的内容与贷款合同进行核对，在确认委托资金足额到位后，办理放款手续。

第十八条　受托人应根据委托人要求，及时将借款人还本付息资金划至委托人的账户。

第十九条　合同有效期内，借款人因经营管理不善，或者抵押资产发生损毁、灭失等原因，不按期归还贷款本息，或借款人进行不法经营，受托人可根据委托人的要求提前解除本合同，直接从借款人的账户中扣收贷款本息。

第二十条　受托人应及时以书面方式向借款人催收未按期归还的本金和利息，对借款人确实无力归还的贷款，在保证期内，受托人应及时以书面形式向保证人催收，并将催收借款人和保证人的情况报告委托人。

第二十一条　受托人接受委托人的委托，监督贷款使用的监督措施为＿＿＿＿＿＿＿＿。

第二十二条　本项委托贷款若实行担保，受托人应根据委托人的书面通知，与委托人指定的担保人签订有关担保合同，并办理必要的公证、登记手续。

办理担保过程中所发生的费用由借款人支付。

第四章　借款人的责任与义务

第二十三条　借款人要在受托人的营业机构开立基本账户或一般存款账户，用于办理借款、还款、付息等事宜。

第二十四条　借款人在使用借款前，应根据约定用款计划向受托人一次或分次提出借据。

第二十五条　借款人要按照约定用途使用该项委托贷款，不得挤占、挪用。

第二十六条　借款人应于本合同约定的结息日或还本日前在受托方开立的账户上备足当期应付的利息或本金，并按约定的期限和利率支付贷款本息。

第二十七条　在合同有效期内，借款人须接受委托人和受托人对本贷款使用情况的检查和监督。借款人要及时向委托人和受托人提供有关财务会计报表及委托人和受托人要求的其他资料。

第二十八条　借款人在合同有效期内，如发生重大投资、股份制改造、承包、租赁、联营、合并（兼并）、分立、与外资合资（合作）、产权有偿转让或申请解散等事宜，应提前60日书面通知委托人和受托人。

第二十九条　借款人要求提前还款的，应于拟提前还款＿＿＿日前向委托人/受托人提交书面申请，并取得委托人书面同意。

第三十条　借款人要求贷款展期的，须于贷款到期前30日向委托人提交书面申请，并取得委托人书面同意。

第五章　违约责任

第三十一条　借款人不按约定用途使用贷款，受托人有权按委托人书面指令在本合同贷款利率的基础上，根据违约金额和违约期限，按每日＿＿＿‰计收罚息。

第三十二条　借款人不按期归还贷款本息，受托人有权按委托人书面指令在本合同贷款利率的基础上，根据违约金额和违约期限，按每日＿＿＿‰计收罚息。

第三十三条　受托人未按约定期限和金额将贷款放出，委托人有权按照违约金额和违约期限，每日向受托人收取＿＿＿‰的违约金。

第三十四条　在本合同有效期内，借款人发生下列情况之一的，即视为借款人违约，受托人有权按委托人书面指令停止发放贷款，提前收回贷款或直接从借款人的账户收贷款本息，而不必事先通知借款人。

（一）未按本合同的约定方式偿还贷款本息的。

（二）未按约定用途使用贷款的。

（三）贷款逾期并经受托人催收仍不偿还的。

（四）不按委托人和受托人要求提供或提供虚假的财务会计报表等材料的。

（五）卷入重大诉讼或仲裁程序及其他法律程序纠纷的。

第三十五条　委托人不按期支付手续费，支付担保、诉讼等其他费用的，受托人有权从委托人的账户直接扣收或从借款人偿还的贷款本息中直接扣取。

第六章　其　他

第三十六条　合同送达。

本合同项下的所有通知或指示均应以书面形式送达。

第三十七条　合同的变更、解除。

本合同生效后，委托人、受托人和借款人需要变更合同条款时，在不违背委托人和受托人银行委托贷款业务委托代理协议约定条款和商业银行委托贷款业务委托贷款放款通知书所列各项以及国家法律法规的条件下，由三方协商解决。如涉及担保人的，必须获得担保人的书面同意。

第三十八条　合同纠纷的解决方式。

执行本合同发生争议，由当事人协商解决。协商不成，当事人将选择以下第＿＿＿种处理方式：

（一）由市仲裁委员会仲裁；

（二）向受托人所在地人民法院起诉。

第三十九条　委托人、受托人和借款人商定的其他事项（本条款不得与其他条款相抵触，不得影响当事人之间实质性的权利与义务的关系）：＿＿＿＿＿＿＿＿＿

第四十条　未尽事宜。

本合同未尽事项，按照中华人民共和国有关法律法规和金融规章的规定执行。

第四十一条　合同效力。

本合同自委托人、受托人和借款人以及其法定代表人或法定代表人授权代理人签字、盖章之日起生效。借款人全部偿清本合同项下贷款本息时自动终止。

第四十二条　合同的组成。

与本合同有关的银行委托贷款业务委托代理协议、银行委托贷款业务委托贷款放款通知书、借据、担保合同、当事人三方同意修改的"借款合同"有关补充条款等，均为本合同的组成部分，具有同等法律效力。

第四十三条 合同文本份数。本合同正本一式三份，委托人、受托人和借款人各执一份。

委托人（公章）＿＿＿＿＿＿＿
法定代表人或授权代理人（签字）＿＿＿＿＿＿＿

受托人（公章）＿＿＿＿＿＿＿
法定代表人或授权代理人（签字）＿＿＿＿＿＿＿

借款人（公章）＿＿＿＿＿＿＿
法定代表人或授权代理人（签字）＿＿＿＿＿＿＿

日期：＿＿＿年＿＿月＿＿日

第十四招　并购贷款撬动的存款

【目标对象】

并购贷款撬动的存款目标对象是上市公司。

需要银行客户经理有一定的证券公司并购业务部、投行业务部的极强的相关资源。

【使用产品】

使用产品包括并购贷款、资金监管。

1. 并购贷款。即商业银行向并购方企业或并购方控股子公司发放的，用于支付并购股权对价款项的本外币贷款。是针对境内优势客户在改制、改组过程中，有偿兼并、收购国内其他企事业法人、已建成项目以及进行资产、债务重组中产生的融资需求而发放的贷款。并购贷款是一种特殊形式的项目贷款。普通贷款在债务还款顺序上是最优的，但如果贷款用于并购股权，则通常只能以股权分红来偿还债务。

并购，是指境内并购方企业通过受让现有股权、认购新增股权，或收购资产、承接债务等方式以实现合并或实际控制已设立并持续经营的目标企业的交易行为。

并购可由并购方通过其专门设立的无其他业务经营活动的全资或控股子公司进行。

2. 资金监管。上市公司募集的资金都需要存管在银行，进行资金监管。

【政策依据】

中国银监会发布的《商业银行并购贷款风险管理指引》（银监发〔2015〕5 号）、《关于规范银行业服务企业走出去加强风险防控的指导意见》（银监发〔2017〕1 号）中规定：

1. 商业银行全部并购贷款余额占同期本行一级资本净额的比例不应超过 50%。

2. 商业银行应按照本行并购贷款业务的发展策略，分别按单一借款人、集团客户、行业类别、国家或地区对并购贷款集中度建立相应的限额控制体系，并向银监会或其派出机构报告。

3. 商业银行对单一借款人的并购贷款余额占同期本行一级资本净额的比例不应超过5%。

4. 并购交易价款中并购贷款所占比例不应高于60%。

5. 并购贷款期限一般不超过7年。

【业务流程图】

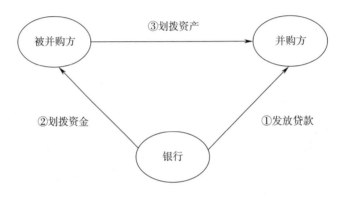

并购贷款业务流程

【存款量分析】

存款量起步在1亿元以上。上市公司并购贷款都属于大额资金生意，一旦搞定并购贷款，上市公司往往愿意配套提供巨额存款。

【开发难度】

开发难度较大。需要客户经理精通资本市场运作，熟悉并购政策，有极强的沟通能力。

【案例】

××智通向银行申请并购贷款

××智通（集团）股份有限公司（以下简称公司）于2015年8月7日召开第三届董事会第十次会议审议通过了《关于对武汉××电子技术有限公司进行部分股权收购及增资的议案》，同意公司使用2.82亿元收购并增资武汉××电子技术有限公司（以下简称××电子）取得其51%的股权。截至 2015 年 10 月底，××电子已完成股权转让及增资的相关工商变更登记手续，其成为公司控股子公司。

同意向××银行股份有限公司申请不超过 1.7 亿元的并购贷款，贷款期限最长不超过 5 年（以签订并购贷款合同的日期为准），用于置换前期收购××电子股权的部分并购款，公司以持有的××电子 51% 的股权作为质押担保，并授权董事长签署相关的合同及文件，办理相关贷款事宜。本事项在董事会审批权限内，无须提交股东大会审议。

本次申请并购贷款事项不构成关联交易，不构成《上市公司重大资产重组管理办法》规定的重大资产重组。

【文本示范】

并购贷款合同

合同编号：

借款人（甲方）：
地址：
法定代表人（负责人）：
传真：
邮政编码：
电话：

贷款人（乙方）：
地址：
负责人：
传真：
邮政编码：
电话：

甲方向乙方申请借款，乙方同意向甲方发放贷款。根据银监会发布的《商业银行并购贷款风险管理指引》（银监发〔2015〕5 号）以及有关法律法规和规章，甲乙双方经协商一致，订立本合同，以便共同遵守。

第一条 借款金额

甲方向乙方借款人民币（金额大写）_____。

第二条 借款用途

甲方应将借款用于支付并购交易价款，未经乙方书面同意，甲方不得改变借款用途。

本合同所称"并购交易"及并购贷款具体用途等情况，见附件1《并购交易及并购贷款基本情况》。

第三条 借款期限

本合同约定借款期限为，自____年____月____日起至____年____月____日止。

本合同项下的借款期限起始日与贷款转存凭证（借款借据，下同）不一致时，以第一次放款时的贷款转存凭证所载实际放款日期为准，本条第一款约定的借款到期日作相应调整。

贷款转存凭证是本合同的组成部分，与本合同具有同等法律效力。

第四条 贷款利率、罚息利率和计息、结息

一、贷款利率

本合同项下的贷款利率为年利率，利率为下列第____种：

（一）固定利率，即____%，在借款期限内，该利率保持不变。

（二）固定利率，即起息日基准利率（选填"上浮"或"下浮"）____%，在借款期限内，该利率保持不变。

（三）浮动利率，即起息日基准利率（选填"上浮"或"下浮"）____%，并自起息日起至本合同项下本息全部清偿之日止每个月根据利率调整日当日的基准利率以及上述上浮/下浮比例调整一次。利率调整日为起息日在调整当月的对应日，当月没有起息日的对应日的，则当月最后一日为利率调整日。

二、罚息利率

（一）甲方未按合同用途使用贷款的，罚息利率为贷款利率上浮____%，贷款利率按照本条第一款第（三）项调整的，罚息利率根据调整后的贷款利率及上述上浮幅度同时进行相应调整。

（二）本合同项下贷款逾期的罚息利率为贷款利率上浮____%，贷款利率按照本条第一款第（三）项调整的，罚息利率根据调整后的贷款利率

及上述上浮幅度同时进行相应调整。

（三）同时出现逾期和挪用情形的贷款，应择其重计收罚息和复利。

三、本条中的起息日是指本合同项下首次发放的贷款转存到甲方指定账户之日。

本合同项下首次发放贷款时，基准利率是指起息日当日中国人民银行公布施行的同期同档次贷款利率；此后，贷款利率依前述约定调整时，基准利率是指调整日当日中国人民银行公布施行的同期同档次贷款利率；如果中国人民银行不再公布同期同档次贷款利率，基准利率是指调整日当日银行同业公认的或通常的同期同档次贷款利率，双方另有约定的除外。

四、贷款利息自贷款转存到甲方指定账户之日起计算。本合同项下的贷款按日计息，日利率＝年利率/360。如甲方不能按照本合同约定的结息日付息，则自次日起计收复利。

五、结息

（一）实行固定利率的贷款，结息时，按约定的利率计算利息。实行浮动利率的贷款，按各浮动期当期确定的利率计算利息；单个结息期内有多次利率浮动的，先计算各浮动期利息，结息日加总各浮动期利息计算该结息期内利息。

（二）本合同项下贷款按以下第____种方式结息：

1. 按月结息，结息日固定为每月的第 20 日。

2. 按季结息，结息日固定为每季末月的第 20 日。

3. 其他方式。

第五条　借款的发放与支用

一、发放借款的前提条件

除乙方全部或部分放弃外，只有持续满足下列前提条件，乙方才有义务发放借款。

1. 并购交易符合法律法规及规章的规定，甲方已按照法律法规及规章的要求，办妥与并购交易及本合同项下贷款有关的批准、登记、交付、保险及其他法定手续。

2. 本合同设有担保的，符合乙方要求的担保已生效且持续有效。

3. 甲方已经按照乙方的要求开立用于提款、还款的账户。

4. 甲方已经按照乙方的要求提供与并购交易有关的材料、证明、承诺、合同等文件。

5. 甲方用于支付并购交易价款的自筹资金已足额到位。

6. 甲方没有发生本合同所约定的任一违约事项或本合同约定的任何可能危及乙方债权安全的情形。

7. 附件2《重要财务指标约束条款》中所列企业的重要财务指标持续符合附件2的要求。

8. 法律法规、规章或有权部门不禁止且不限制乙方发放本合同项下的借款。

9. 其他条件。

二、用款计划

1. ＿＿＿年＿＿＿月＿＿＿日，金额＿＿＿＿＿＿万元。

2. ＿＿＿年＿＿＿月＿＿＿日，金额＿＿＿＿＿＿万元。

3. ＿＿＿年＿＿＿月＿＿＿日，金额＿＿＿＿＿＿万元。

4. ＿＿＿年＿＿＿月＿＿＿日，金额＿＿＿＿＿＿万元。

5. ＿＿＿年＿＿＿月＿＿＿日，金额＿＿＿＿＿＿万元。

6. ＿＿＿年＿＿＿月＿＿＿日，金额＿＿＿＿＿＿万元。

三、甲方应按第二款约定用款计划用款，除非经乙方书面同意，甲方不得提前、推迟或取消提款。

四、甲方分次用款时，借款期限的到期日仍依据本合同第三条的约定确定。

第六条 还款

一、还款原则

本合同项下甲方的还款按照下列原则偿还：

乙方有权将甲方的还款首先用于偿还本合同约定的应由甲方承担而由乙方垫付的各项费用以及乙方实现债权的费用，剩余款项按照先还息后还本、利随本清的原则偿还。但对于本金逾期超过90日仍未收回的贷款、利息逾期超过90日仍未收回的贷款或者法律法规或规章另有规定的贷款，甲方的还款在偿还上述费用后应按照先还本后还息的原则偿还。

二、付息

甲方应在结息日向乙方支付到期利息。首次付息日为借款发放后的第一个结息日。最后一次还款时，利随本清。

三、还本计划

1. ＿＿＿年＿＿＿月＿＿＿日，金额＿＿＿＿＿＿＿万元。

2. ＿＿＿年＿＿＿月＿＿＿日，金额＿＿＿＿＿＿＿万元。

3. ＿＿＿年＿＿＿月＿＿＿日，金额＿＿＿＿＿＿＿万元。

4. ＿＿＿年＿＿＿月＿＿＿日，金额＿＿＿＿＿＿＿万元。

5. ＿＿＿年＿＿＿月＿＿＿日，金额＿＿＿＿＿＿＿万元。

6. ＿＿＿年＿＿＿月＿＿＿日，金额＿＿＿＿＿＿＿万元。

四、还款方式

甲方应于本合同约定的还款日前在乙方开立的账户上备足当期应付款项并自行转款还贷（乙方也有权从该账户上划款还贷），或者于本合同约定的还款日从其他账户上转款用于还贷。

五、提前还款

甲方提前还本时，须提前＿＿＿个工作日向乙方提出书面申请，经乙方同意，可提前偿还部分或全部本金。

第七条　甲方的权利和义务

一、甲方的权利

（一）有权要求乙方按合同约定发放借款。

（二）有权按本合同约定的用途使用借款。

（三）在符合乙方规定的条件下，有权向乙方提出借款展期的申请。

（四）有权要求乙方对甲方提供的有关财务资料以及生产经营方面的商业秘密予以保密，但法律法规和规章另有规定、有权机关另有要求或双方另有约定的除外。

（五）有权拒绝乙方及其工作人员索取贿赂，对于上述行为或者乙方违反国家有关信贷利率、服务收费等法律法规的行为，有权向有关部门举报。

二、甲方的义务

（一）按照本合同的约定提款并足额清偿借款本息，承担本合同约定的各项费用。

（二）按照乙方的要求提供有关财务会计资料及生产经营状况资料以及其他资料，包括但不限于每季度第一个月的前＿＿＿个工作日内向乙方提供上季度末甲方及其参与并购的母公司（如有）、目标企业、并购后企业、担保人的资产负债表、截至上季度末的损益表，并于年度终了及时提供当年现金流量表，并且对所提供资料的真实性、完整性和有效性负责，不提供虚假材料或隐瞒重要经营财务事实。

（三）甲方发生名称、法定代表人（负责人）、住所、经营范围、注册资本金或公司（企业）章程等工商登记事项变更的，应当在变更后3个工作日内书面通知乙方，并附变更后的相关材料。

（四）甲方应按本合同约定的用途使用借款，不得挤占、挪用或用银行贷款从事非法、违规交易；应配合并接受乙方对其以及参与并购的母公司（如有）、目标企业、并购后企业生产经营、财务活动、未来现金流的可预测性和稳定性、本合同项下借款使用情况、还款计划与还款来源是否匹配以及乙方需要了解的其他情况所进行的定期或不定期的检查、监督、评估；不得抽逃资金、转移资产或利用关联交易，以逃避对乙方的债务；不得利用与关联方之间的虚假合同，以无实际贸易背景的应收票据、应收账款等债权到银行贴现或质押，套取银行资金或授信。

（五）在未还清乙方贷款本息之前，未征得乙方同意不得用本合同项下的贷款形成的资产向第三人提供担保。

（六）乙方对于附件3《重大风险事项表－1》所列重大事项具有认可权，甲方应依照附件3的约定，将附件3所列事项以书面形式提前告知乙方，并征得乙方的书面同意。

（七）乙方对于附件4《重大风险事项表－2》所列事项具有知情权，甲方应依照附件4的约定，将附件4所列事项以书面形式通知乙方。

（八）有关法律、行政法规、规章要求甲方对并购交易进行信息披露的，甲方应按规定履行有关披露义务，甲方同时保证披露信息的合法、真实、完整、准确。

（九）甲方应按照下列约定，在贷款发放后追加担保。

（十）甲方如为集团客户，应向乙方及时报告甲方净资产10%以上关联交易的情况，包括：（1）交易各方的关联关系；（2）交易项目和交易性质；（3）交易的金额或相应的比例；（4）定价政策（包括没有金额或只有象征性金额的交易）。

第八条 乙方的权利和义务

一、乙方有权要求甲方按期偿还贷款本金、利息和费用，行使本合同约定的其他各项权利，要求甲方履行其在本合同项下的其他各项义务。

二、对于附件5《额外现金流的特别约定》所约定的特定情形下甲方额外获得的现金流，乙方有权扣划或要求甲方划入乙方指定的账户用于提前还款。

三、乙方有权对附件6《监控账户列表》中所列的账户进行监控。

四、按照本合同的约定发放贷款，但因甲方原因或其他不可归咎于乙方的原因造成的迟延除外。

五、对甲方提供的有关财务资料以及生产经营方面的商业秘密应予以保密，但法律法规和规章另有规定、有权机关另有要求或双方另有约定的除外。

六、不得向甲方及其工作人员提供贿赂或者索取、收受其贿赂。

七、不得有不诚信、损害甲方合法利益的行为。

第九条　违约责任及发生危及乙方债权情形的补救措施

一、乙方违约情形及违约责任

（一）如乙方无正当理由不按本合同约定发放贷款，甲方可要求乙方继续按本合同约定发放贷款。

（二）如乙方违反国家法律法规的禁止性规定向甲方收取了不应收取的利息、费用，甲方有权要求乙方退还。

二、甲方违约情形

（一）甲方违反本合同任一约定或违反任何法定义务。

（二）甲方明确表示或以其行为表明将不履行本合同项下的任一义务。

（三）甲方陈述与保证的事项存在任何虚假、错误、遗漏。

三、可能危及乙方债权的情形

（一）发生下列情形之一，乙方认为可能危及本合同项下债权安全的：甲方及其参与并购的母公司（如有）、目标企业、并购后企业发生承包、托管（接管）、租赁、股份制改造、减少注册资本金、投资、联营、合并、兼并、收购重组、分立、合资、（被）申请停业整顿、申请解散、被撤销、（被）申请破产、重要股东变更或重大资产转让、重大投资项目的变化、营运成本的异常变化、品牌、客户、市场渠道等的重大不利变化、重大资产出售、分红策略的重大变化、经营业绩（包括现金流）未能保持稳定或呈增长趋势、治理结构不健全、管理团队不稳定或不能胜任、重要财务指标未能持续符合附件2的要求、停产、歇业、被有权机关施以高额罚款、被注销登记、被吊销营业执照、涉及重大法律纠纷、生产经营出现严重困难或财务状况恶化、法定代表人或主要负责人无法正常履行职责。

（二）发生下列情形之一，乙方认为可能危及本合同项下债权安全的：甲方及其参与并购的母公司（如有）、目标企业、并购后企业没有履行其他到期债务（包括对中国建设银行各级机构或其他第三方的到期债务），产生新的重大债务，低价、无偿转让财产，减免第三方债务，怠于行使债权或其他权利，或为第三方提供担保。

（三）甲方及其参与并购的母公司（如有）、目标企业、并购后企业的股东滥用公司法人独立地位或股东有限责任，逃避债务，乙方认为可能危及本合同项下债权安全的。

（四）本合同约定的发放借款的任一前提条件没有持续满足。

（五）并购存在下列情形之一，乙方认为可能危及本合同项下债权安全的：并购双方的分红策略对并购贷款的还款来源造成影响；并购中使用的固定收益类工具对并购贷款还款来源造成影响；汇率和利率等因素变动对并购贷款还款来源造成影响；并购后并购方与目标企业未能产生协同效应。

（六）保证人出现以下情形之一，乙方认为可能危及本合同项下债权安全的。

1. 违反保证合同任一约定或陈述与保证的事项存在任何虚假、错误、遗漏。

2. 发生承包、托管（接管）、租赁、股份制改造、减少注册资本金、投资、联营、合并、兼并、收购重组、分立、合资、（被）申请停业整顿、申请解散、被撤销、（被）申请破产、控股股东/实际控制人变更或重大资产转让、停产、歇业、被有权机关施以高额罚款、被注销登记、被吊销营业执照、涉及重大法律纠纷、生产经营出现严重困难或财务状况恶化或者法定代表人或主要负责人无法正常履行职责，可能影响保证人承担保证的能力。

3. 丧失或可能丧失保证能力的其他情形。

（七）抵押、质押出现以下情形之一，乙方认为可能危及本合同项下债权安全的：

1. 因第三人行为、国家征收、没收、征用、无偿收回、拆迁、市场行情变化或任何其他原因导致抵押财产或质押财产毁损、灭失、价值减少。

2. 抵押财产或质押财产被查封、扣押、冻结、扣划、留置、拍卖、行政机关监管，或者权属发生争议。

3. 抵押人或出质人违反抵押合同或质押合同的任一约定或陈述与保证的事项存在任何虚假、错误、遗漏。

4. 可能危及乙方抵押权或质权实现的其他情形。

（八）担保不成立、未生效、无效、被撤销、被解除，担保人违约或者明确表示或以其行为表明将不履行其担保责任，或担保人部分或全部丧失担保能力、担保物价值减少等其他情形，乙方认为可能危及本合同项下债权安全的。

（九）乙方认为可能危及本合同项下债权安全的其他情形。

四、乙方救济措施

出现本条第二款或第三款约定的任一情形，乙方有权行使下述一项或几项权利。

（一）停止发放贷款。

（二）宣布贷款立即到期，要求甲方立即偿还本合同项下所有到期及未到期债务的本金、利息和费用。

（三）甲方未按合同约定支用借款的，则乙方有权要求甲方支付相当于未按约定支用金额____%的违约金，并有权拒绝甲方支用本合同项下未提款项。

（四）甲方未按本合同约定用途使用贷款的，对甲方挪用的部分，自未按合同约定用途使用贷款之日起至本息全部清偿之日止按罚息利率和本合同约定的结息方式计收利息和复利。

（五）借款逾期的，对甲方未按时还清的借款本金和利息（包括被乙方宣布全部或部分提前到期的借款本金和利息），自逾期之日起至本息全部清偿之日止按罚息利率和本合同约定的结息方式计收利息和复利。借款逾期是指甲方未按期清偿或超过本合同约定的分次还本计划期限归还借款的行为。

借款到期前，对甲方未按时还清的利息按本合同约定的贷款利率和结息方式计收复利。

（六）其他救济措施，包括但不限于：（1）从甲方在中国建设银行系统开立的账户上划收人民币或其他币种的相应款项，且无须提前通知。(2) 行使担保权利。(3) 要求甲方对本合同项下所有债务提供符合乙方要求。(4) 解除本合同。(5) 接管企业经营权。

第十条 其他条款

一、费用的承担

本合同及与本合同项下担保有关的律师服务、保险、评估、登记、保管、鉴定、公证等费用，由甲方承担，双方另有约定的除外。

乙方为实现债权而实际发生的一切费用（包括但不限于诉讼费、仲裁费、财产保全费、差旅费、执行费、评估费、拍卖费、公证费、送达费、公告费、律师费等）均由甲方承担。

二、甲方信息的使用

甲方同意乙方向中国人民银行及信贷征信主管部门批准建立的信用数据库或有关单位、部门查询甲方的信用状况，并同意乙方将甲方信息提供给中国人民银行及信贷征信主管部门批准建立的信用数据库。甲方并同意，乙方为业务需要也可以合理使用并披露甲方信息。

三、公告催收

对甲方拖欠借款本息或发生其他违约情形，乙方有权向有关部门或单位予以通报，有权通过新闻媒体进行公告催收。

四、乙方记录的证据效力

除非有可靠、确定的相反证据，乙方有关本金、利息、费用和还款记录等内容的内部账务记载，乙方制作或保留的甲方办理提款、还款、付利息等业务过程中发生的单据、凭证及乙方催收贷款的记录、凭证，均构成有效证明甲乙双方之间债权关系的确定证据。甲方不能仅因为上述记录、记载、单据、凭证由乙方单方制作或保留，而提出异议。

五、权利保留

乙方在本合同项下的权利并不影响和排除其根据法律法规和其他合同所享有的任何权利。任何对违约或延误行为施以任何宽容、宽限、优惠或延缓行使本合同项下的任何权利，均不能视为对本合同项下权利、权益的放弃或对任何违反本合同行为的许可或认可，也不限制、阻止和妨碍对该权利的继续行使或对其任何其他权利的行使，也不因此导致乙方对甲方承担义务和责任。

六、除本合同项下的债务外，甲方对乙方还负有其他到期债务的，乙方有权划收甲方在中国建设银行系统开立的账户中的人民币或其他币种的款项首先用于清偿任何一笔到期债务，甲方同意不提出任何异议。

七、甲方的通信地址或联系方式如发生变动，应立即书面通知乙方，因未及时通知而造成的损失由甲方自行承担。

八、应付款项的划收

对于甲方在本合同项下的全部应付款项，乙方有权从甲方在中国建设银行系统开立的账户中划收人民币或其他币种的相应款项，且无须提前通知甲方。需要办理结售汇或外汇买卖手续的，甲方有义务协助乙方办理，汇率风险由甲方承担。

九、争议解决方式

本合同在履行过程中发生争议，可以通过协商解决，协商不成，按以下第____种方式解决：

1. 向乙方住所地人民法院起诉。

2. 提交仲裁委员会（仲裁地点为_____），按照申请仲裁时该会现行有效的仲裁规则进行仲裁。仲裁裁决是终局的，对双方均有约束力。

在诉讼或仲裁期间，本合同不涉及争议部分的条款仍须履行。

十、合同生效条件

本合同经甲方法定代表人（负责人）或授权代理人签字并加盖公章及乙方负责人或授权代理人签字并加盖公章后生效。

本合同项下的附式与本合同具有同等的法律效力。

十一、本合同一式____份。

十二、其他约定事项。

第十一条　甲方陈述与保证

一、甲方清楚地知悉乙方的经营范围、授权权限。

二、甲方已阅读本合同所有条款。应甲方要求，乙方已经就本合同做了相应的条款说明。甲方对本合同条款的含义及相应的法律后果已全部通晓并充分理解。

三、甲方签署与履行本合同项下的义务符合法律、行政法规、规章和甲方章程或内部组织文件的规定，且已获得公司内部有权机构及/或国家有权机关的批准，且上述批准持续有效。

四、甲方及其参与并购的母公司（如有）、目标企业均具备并购交易主体资格，目标企业属于特定行业的，甲方及其参与并购的母公司（如有）已经取得进入特定行业的资质证明或批准，且该资质证明或批准持续有效。

五、并购交易全部资金来源不违反法律法规或规章的任何限制性规定。

六、甲方及其参与并购的母公司（如有）对还款现金流能够有效控制，并符合法律法规或规章的规定。

七、甲方及其参与并购的母公司（如有）依法合规经营，信用状况良好，没有信贷违约、逃废银行债务等不良记录。

八、甲方仅将借款用于实现合并或实际控制目标企业为目的的融资需求，不用于短期投资收益为主要目的的财务性并购活动。

甲方（公章）：
法定代表人（负责人）或授权代理人（签字）：
____年____月____日

乙方（公章）：
负责人或授权代理人（签字）：
____年____月____日

附件1

并购交易及并购贷款基本情况

参与并购的母公司	
目标企业	
并购实现方式	
并购交易总价款	
并购方自筹资金金额、来源及足额到位的情况	
并购贷款的具体用途	
预期并购结果	

附件2

重要财务指标约束条款

在本合同有效期内，甲方及其参与并购的母公司（如有），企业的重要财务指标，应持续满足以下限制：

1. 甲方重要财务指标限制条款。
2. 甲方参与并购的母公司重要财务指标限制条款。
3. 目标企业重要财务指标限制条款。
4. 并购后企业重要财务指标限制条款。
5. 并购后企业分红约束性条款。

附件3

重大风险事项表 –1

乙方对于下列重大风险事项具有认可权，甲方应提前____个工作日以书面形式告知乙方，并征得乙方的书面同意：

1. 重大投资项目变化。
2. 重大资产出售。
3. 分红策略的重大变化。
4. 产生新的重大债务或对外担保。
5. 影响企业持续经营的其他重大事项。
6. 建设银行并购贷款尽职调查和风险评估中提示的其他事项。

附件4

重大风险事项表 –2

乙方对于下列重大风险事项具有知情权，甲方应提前____个工作日以书面形式通知乙方：

1. 重大投资项目变化。
2. 重大资产出售。

3. 分红策略的重大变化。

4. 产生新的重大债务或对外担保。

5. 影响企业持续经营的其他重大事项。

6. _____银行并购贷款尽职调查和风险评估中提示的其他事项。

附件 5

额外现金流的特别约定

特别约定1：

特别约定2：

附件 6

监控账户列表

一、乙方有权对下列账户进行监控：

账户 1

开户行：

账号：

账户名称：

账户 2

开户行：

账号：

账户名称_____。符合下列特征的其他账户_____。

二、乙方监控方式

第十五招　代发工资存款

【目标对象】

代发工资存款的目标对象是中小企业。

【使用产品】

使用产品包括代发工资、流动资金贷款、理财业务。

1. 代发工资。银行为中小企业的员工提供代发工资服务，可以深度拓展中小企业员工的后续业务机会。

2. 流动资金贷款。中小企业往往对银行处于弱势，如果银行提供了流动资金贷款，属于中小企业的主办银行，一般都会取得主动地位，可以要求借款人在银行办理代发工资业务，银行获得可观的零售存款业务。

对部分流通型中小企业可以考虑通过全额保证金银行承兑汇票方式介入，银行可以获得可观的存款回报。

3. 理财业务。银行可以向中小企业销售一些小金额的现金管理类对公理财产品，将理财与客户的日常结算进行匹配，在确保企业资金流动性的同时，适度提高企业的资金收益率。

【存款量分析】

存款量起步在200万元以上。一家20名员工的中小企业，每月一般约发工资4万元。营销这些中小企业的流水，在银行的存款沉淀200万元应当是可以确定的。

【开发难度】

开发难度适中。各家银行普遍忽视中小企业，对这类中小企业开发基本没有难度。

银行通过公私联动，共同发展，全面梳理有贷户、公司户、优质无贷户的代发工资业务渗透情况，逐户排查，将其中未在该行代发的单位作为重点营销对象，本着优先拓展重点单位和"先易后难"的原则，确定代发工资营销目标，并对目标客户进行名单制管理，将营销任务层层落实到具体的网点，明确责任人，排出推进时间表，迅速提高名单覆盖率。

【案例一】

天津××学院代发工资业务

天津××学院前身是天津××干部学校，以培训中小学教师、教育行政干部、开展教育科学研究为主要任务，开展普通本、专科师范教育，普通高等教育迅速发展。

该学校已发展成为一所以师范为主，文、理、经、管、法、艺术等学科齐备的，多学科、多层次办学的高等成人本科学校，面向全国招生。

银行提供了500万元的流动资金贷款，换取该学校50名教职工的代发工资等业务机会。

【案例二】

××银行××支行成功营销代发工资大户

某经营贵金属联营店是多家银行争夺的高端客户，在多家银行开有账户，为最大限度地争取客户贡献度，该支行营业厅客户经理多次上门营销其工资代发账户，均因该店老总忙碌而未获得深度洽谈的机会。

客户经理正在大厅值班，正好看见该老总现身大厅办理汇款，于是赶紧迎上去，并全程陪同客户进入财富区办理。在财富大厅，客户经理引导他参观贵金属旗舰店内琳琅满目、品种多样的展品，并详尽介绍。优质的服务使客户非常满意，特别是当他知道通过薪金卡代发工资，账户活期存款也可享受到高于活期6倍至8倍的收益时，特别感兴趣，表示马上让店里的财务人员来办理。

很快，该店200余张薪金卡批量发放成功，首批代发工资130多万元成功发放。一起跟踪近半年的集团工资代发户营销圆满成功。

案例分析

半年的不懈努力，执着营销，银行薪金卡业务的主要优势，为营销成功打下了坚实的基础。

案例中客户经理告诉客户的工资账户高于活期6倍至8倍的收益产品，是该行针对薪金卡客户新开发的产品薪金溢一号，该产品收益率是2.46%至2.7%，活期存款定期利息，这个产品的开发也为客户经理挖转他行工资大户带来福音，此次成功案例很有借鉴意义。

案例启示

市场竞争没有偶遇成功，执着不放弃，努力不松懈，是成功的基础，好的产品，合适的宣传，恰到好处的应用，偶遇的成功其实是努力的必然，案例的成功给我们以下启示：

1. 锁定目标，执着营销。锁定重点代发工资单位，通过与单位负责人洽谈，与财务负责人及经办人协商交流，积极推介本行产品优势与服务，提高代发工资单位及个人客户综合服务水平，向客户展示本行优质专业的水平，获得客户的认可，营销成功即在朝夕之间。

2. 突出产品，重点推介。薪金卡享受的特殊优惠政策，薪金溢逸贷产品等优势产品成了该行抢占代发工资市场的重要推手。个人金融产品的综合营销，对进一步提升集群化营销与批量化拓展个人客户的核心竞争力起到了良好的促进作用。在激烈的市场竞争中，该行薪金卡业务已然成为拓市场、增客户、提升代发工资竞争力的重要途径，让客户体验到尊贵的同时，也提升了客户满意度及品牌忠诚度。

3. 守住耐心、承住压力。营销不是一蹴而就的，同业竞争日趋激烈，考验着客户经理的耐心和毅力以及承受力和压力。花大量时间深入企业，了解企业需求，并寻求适合客户的产品和服务，吸引客户、稳定客户，不放弃、不气馁，是优秀客户经理必备的素质，更是精神。

【文本示范】

代发工资协议书

甲方：＿＿＿＿＿＿＿银行

乙方：

为了方便职工储蓄、简化企事业单位发放工资的手续，经甲方与乙方协商，乙方委托甲方代发其单位职工工资。为了明确双方的职责，保证该项工作的顺利进行，双方协议如下：

第一条　乙方负责为本单位参加代发工资的员工开立个人银行结算账户，组织员工认真填写开立个人银行结算账户申请表（以下简称申请表），此表由甲方提供；并在甲方指定的营业网点开立个人银行账户（代办时乙方应提供员工身份证复印件和填明员工姓名、身份证号的明细表格，并在表格上加盖单位公章，员工身份证复印证件的真实性由乙方验证，如若由此引起的问题，由乙方承担一切责任）。乙方应在收到甲方开立的活期储蓄存折/储蓄卡（银行结算账户）后3至5日内发放到职工本人手中，并告知单位职工及时修改存折/储蓄卡取款密码及查询密码，如因存折遗失、密码泄露等引起的纠纷，由乙方承担责任。

第二条　乙方应按照甲方提供的磁盘格式的要求，制作代发工资数据软盘（软盘由乙方自行提供，也可通过电子邮件发送电子数据）。

第三条　乙方应在代发工资日前3个工作日（不含代发工作日）内到甲方办理代发工资手续，然后将转账支票、代发工资数据软盘和"代发工资清单"一并送交甲方。如乙方所提供的软盘与"代发工资清单"不一致及未交手续费等原因而引起的差错事故或造成代发工资延误，均由乙方负责，甲方不承担责任。

第四条　需要代发工资时，由乙方按相应要求提供电子数据，因乙方原因造成甲方未能按时发放工资，乙方应向单位职工说明并通知甲方，由此而产生的责任由乙方负责；如因甲方设备或通信故障及其他原因造成账务差错时，甲方有权单方面进行账务更正。

第五条　甲方将乙方提供的代发工资数据入账后，即打印代发工资明细清单，乙方可在代发工资日后到甲方指定的网点进行核对。

第六条　乙方在向甲方提供磁盘数据前应认真进行核对，甲方业务系统只对乙方提供的磁盘数据中的客户账号和户名进行识别，如因乙方磁盘数据错误造成账号串号，责任由乙方负责，但甲方有义务协助乙方进行查找。

第七条　如因乙方提供的代发工资磁盘中的账户有误所产生未入账账户，甲方应打印"代发工资未入账清单"一式两份，一份由甲方送乙方处理，一份由甲方留存备查。

第八条　乙方职工在银行开立的活期存折或储蓄卡，作为代发工资指定账户的，该账户不得擅自撤销和变更。

（一）若遇乙方员工代发工资的存折或卡遗失，可凭本人身份证明，向其开户的营业机构书面申请挂失。

（二）若遇乙方职工更换了代发工资账户，乙方必须在代发工资前向甲方提供该职工更换后的代发工资账号，否则引起的一切后果由乙方承担。

第九条　本协议未尽事宜，经双方协商一致修改补充。

第十条　本协议有效期一年，从____年____月____日至____年____月____日；本协议到期后，可由乙方提出申请，甲方同意后，重新签订新的协议。

第十一条　本协议一式两份，经甲乙双方法定代表人签字盖章后生效。

甲方（盖章）
法人代表（或负责人）：
　　　年　　月　　日

乙方（盖章）
法人代表（或负责人）：
　　　年　　月　　日

第十六招　企业结算存款

【目标对象】

企业结算存款的目标对象是中小企业，尤其是中小制造类企业，这些企业也有一定的更小的配套企业，可以吸引这类中小企业的供应链体系的结算存款。

【使用产品】

使用产品包括流动资金贷款、法人账户透支、小面额银行承兑汇票。

1. 流动资金贷款。通过银行为中小企业提供流动资金贷款等，要求企业将结算存款配套存放在银行，通过吸引企业做流水方式，银行获取低成本的存款沉淀。

2. 法人账户透支。银行通过为中小企业办理法人账户透支业务，法人账户透支可以天然促进小企业将结算存款大量回流透支银行，降低贷款利息基数，从而降低成本支出。

3. 小面额银行承兑汇票。根据小企业的零星采购支出，银行开业办理小面额银行承兑汇票，比如5万元、10万元的银行承兑汇票，可以促进存款增加。

【存款量分析】

存款量起步在200万元以上。

银行可以将企业在银行的结算进行考核，要求借款企业在银行大量做结算流水，并按照流水情况，给予一定的贷款利率优惠。

秉持的观点：企业在银行贷款，必须在这家银行办理结算，而且结算必须与贷款金额挂钩，否则，很多借款企业都是在小银行贷款，在工行、农行、中行、建行等大银行办理结算，会使小银行承担信贷风险，大银行获得结算收益。

【开发难度】

开发难度较小。中小企业普遍缺少银行的信贷扶持，银行通过提供流动资金贷款，可以大幅获得存款回报。

【建议】

银行对裸贷客户进行逐户分析，对重点治理的裸贷客户明确落实了责任人。在当前企业普遍资金紧张，提高日均存贷比较困难的情况下，高度重视并突出加大时点存贷比的提升力度，确保时点存贷比不低于10%，逐步摆脱裸贷现象。

加强销售收入归行管理，确保进一步提高信贷资金支付留存率和有贷户存贷比水平，有效促进公司存款增长。

加强现金管理等结算类产品的营销拓展，提高客户产品渗透率，提高客户黏性，通过客户结算流水沉淀存款。

【案例】

××银行流水贷

一、产品简介

流水贷主要是以借款人银行账户结算情况来核定授信额度，并以其收入作为还款来源的贷款产品。

二、产品特色

根据银行流水情况，为客户量身打造适合客户的融资计划。3～5个工作日内流水贷快速办理并发放，无任何手续费。

三、贷款金额

"工资型"，如企事业单位的在职员工等，贷款额度为50万元。

"经营型"，如个体工商户、小企业主等，贷款额度为100万元。

四、贷款期限

"工资型"贷款期限最长不超过36个月；"经营型"贷款期限最长不超过12个月。

五、担保方式

担保人（标准灵活）也可以土地使用权和房产做抵押以及银行定期存单、理财凭证质押等多种担保方式。

六、产品要点

1. 办理条件：自主经营生意实体24个月以上，不要求必须有营业执照，以实际经营时间为准。

2. 用途：可用于进货、购设备、开新店等流动资金使用。

第十七招　第三方支付公司存款

【目标对象】

第三方支付公司存款的目标对象是第三方支付公司。

【使用产品】

使用产品包括法人透支、监管账户。

【存款量分析】

存款量起步在 5000 万元以上。

第三方支付公司属于类银行机构，往往资金量非常惊人，会给银行带来极为可观的存款沉淀。

【开发难度】

开发难度较大，需要银行具备强大的系统开发能力，可以帮助这些第三方支付公司完成支付，系统对接等。

【经典客户】

上海德颐网络技术有限公司、上海华势信息科技有限公司、上海大众交通商务有限公司、北京数字王府井科技有限公司、安徽华夏通支付有限公司、海南新生信息技术有限公司、海南海岛一卡通支付网络有限公司、山西兰花大酒店有限公司、安徽省万事通金卡通科技信息服务有限公司、网银在线（北京）科技有限公司、钱袋网（北京）信息技术有限公司、北京通融通信息技术有限公司、联通沃易付网络技术有限公司、北京金科信安科技有限公司、易智付科技（北京）有限公司、北京海科融通信息技术有限公司、北京商银信商业信息服务有限责任公司、北京数码视讯软件技术发展有限公司、上海融兴网络科技有限公司、北京银通时代信息服务有限公司、渤海易生商务服务有限公司、深圳市网购科技有限公司、深圳市神州通付科技有限公司、深圳市快付通金融网络科技服务有限公司、南京苏宁易付宝网络科技有限公司、江苏省电子商务服务中心有限责任公司、南京万商商务服务有限公司、上海得仕企业服务有限公司、上海付费通信息服务有限公司、上海富友金融网络技术有限公司、上海富友支付服务有限公司、上海申城通商务有限公司、广州易联商业服务有限公司、广东嘉联支付技术有限公司、重庆易极付科技有限公司、证联融通电子有限公司、贵州汇联通电子商务服务有限公司、深圳市钱宝科技服务有限公司、天翼电子商务有限公司、上海卡友信息服务有限公司、国付宝信息科技有限公司、上海盛付通电子商务有限公司、上海快钱支付清算信息有限公司、上海通卡投资管理有限公司、北京拉卡拉网络技术有限公司、上海东方电子支付有限公司、现代金融控股（成都）有限公司。

【案例】

××天下有限公司存款业务

　　××天下有限公司（以下简称××天下）于2006年7月成立，投资额近10亿元，核心团队由中国金融行业资深管理人士组成，致力于为中国小微企业、金融机构、行业客户和投资者提供金融支付、账户托管、投资理财等综合金融服务。总部设于上海，并在北京、广州、深圳、成都、武汉、济南、南昌等30多个城市设有分公司，旗下有××数据、××科技等子公司。

　　2011年5月××天下首批获得中央银行颁发的支付业务许可证，首家获得证监会批准开展网上基金销售支付结算业务，2013年10月首批获得国家外汇管理局跨境支付业务试点牌照，是中国支付清算协会常务理事单位。

　　××天下成立以来保持高速发展，2013年交易规模超万亿元，稳居行业三甲。目前，××天下已经为全国逾百万家小微企业提供服务；为国内95%的商业银行、数百家领先P2P公司提供金融服务；为200万名投资者和理财顾问提供一站式理财平台。

第十八招　医院存款

【目标对象】

医院存款的目标对象是医院，尤其是地方二甲医院。

经济发达城市的三甲医院通常难以营销，而区县所属的二甲医院通常对银行贷款的需求较大，可以积极开发。

【使用产品】

使用产品包括保理、供应链融资、商业承兑汇票等。

1. 保理。银行可以营销药品经销商，通过应收账款转让，由医院进行应收账款确认，银行提供保理融资。

2. 供应链融资。地方二甲医院上游有大量的药品经销商，这类药品经销商同样具备开发价值，通过捆绑地方二甲医院与上游药品经销商的结算现金流，可以获得低成本的存款。

3. 商业承兑汇票。地方医院可以签发商业承兑汇票，通过商业承兑汇票保贴，银行开发药品经销商。

【存款量分析】

存款量起步在500万元以上。

【开发难度】

开发难度一般。三甲医院开发难度较大，地方二甲医院，尤其是县级医院开发难度较小，这类县级医院迫切需要省级改造，固定资产贷款、设备改造贷款需求旺盛。

【营销思路】

银行立足于开发医院的采购部门，由采购部门推荐药品供应商，利用医院对药品经销商的付款关系，银行对药品经销商办理应收账款融资，银行可以考虑提供保理银行承兑汇票融资，利用应收账款与银行承兑汇票的期限错配，银行可以吸收非常可观的存款。

【案例】

××科技大学××医学院附属××医院存款拓展业务

××科技大学××医学院附属××医院。建院150年来，医院以学科齐全、技术力量雄厚、特色专科突出、多学科综合优势强大享誉海内外，是国家首批三级甲等医院、全国百佳医院，为湖北省急救中心、湖北省远程医学中心、湖北省毕业后医学教育研究中心挂靠单位，荣获"全国五一劳动奖状""全国文明单位"等国家级荣誉。2015年，医院再度通过国家三甲医院复审。

医院由本部、西院、肿瘤中心和金××医院（筹建）组成，编制床位5000张。2015年，医院门急诊服务病人471万人次，为18.6万名住院病人提供诊疗服务，10.2万名病人通过手术获得康复，主要医疗指标稳居国内前列。其中，心脏移植术、连体婴儿分离术、骨髓移植、腔镜下巨结肠切除术、"一站式"冠心病杂交手术等多项技术居国内领先水平。

银行联系该医院财务部，提出可以帮助医院办理商业承兑汇票付款，完成药品采购款支付，医院欣然接受。银行向药品经销商签发2000万元的商业承兑汇票，银行营销药品经销商办理商业承兑汇票置换银行承兑汇票业务，获得2000万元保证金存款。

【文本示范】

银医合作协议

（　　）第＿＿＿号

甲方：中国××银行股份有限公司××支行

地址：

邮编：

单位负责人：

乙方：

地址：

邮编：

单位负责人：

甲乙双方为建立长期、稳定、良好的业务支持和全面合作关系，根据国家法律法规以及银行业监督管理机构的有关规定，进一步密切和深化合作，谋求互惠互利和共同发展，双方本着"自愿、平等、互利、守信"的原则，以共同发展和长期合作为目标，达成本协议。

第一章　总　则

第一条　甲方在国家法律法规和金融政策允许的业务范围内将乙方作为重点合作客户，利用自身的金融资源为乙方优先提供全方位的金融服务。

第二条　乙方在国家法律法规允许的范围内将甲方作为重要的长期合作伙伴，利用自身的资源为甲方提供必要的信息和便利，以协助甲方为乙方提供金融服务并防控风险。

第三条　本协议是指导双方长期合作的基础文件，甲乙双方办理本协议项下各项业务，所签订的各项具体业务协议、合同均应遵照本协议所确立的原则，并以各项具体业务协议、合同约定的内容为准。

第四条　甲方授权_____支行为乙方金融业务承办行，为乙方及其下属单位提供业务合作服务，业务合作服务的日常事务由承办行具体负责与乙方联系处理。

第二章　业务合作内容

第五条　银行账户

乙方将甲方作为主要合作银行，承诺本公司和下属公司或单位在甲方开立基本结算账户，办理日常现金收付和转账结算业务。

第六条　结算与现金管理业务

甲方利用自身全面的资金结算网络和业务服务平台，为乙方提供"快捷、方便、安全、多渠道"的结算服务，协助乙方进行资金流动性和效益性管理。

甲方利用先进的现金管理平台，为乙方提供资金流动性管理、投融资服务、分院资金归集和下拨、风险管理等一揽子服务，乙方承诺将现金管理业务交予甲方办理。双方就具体产品另行签订服务协议。

第七条　代理业务

甲方为乙方优先提供代发工资、代理保险、代理保管等多种代理服务，乙方所有人员的代发工资业务由甲方办理。双方代发工资业务另行签订代发工资协议。

第八条　信贷业务

甲方在国家信贷政策范围内，为乙方提供贷款授信、用信和银行承兑汇票的承兑服务，乙方承诺将融资业务全部交予甲方办理。

第九条　银医通收单管理信息系统（POSMIS）服务

甲方为乙方免费提供 POS 终端机具；乙方同意甲方为其在××市的 MIS 交易收单行。双方 POSMIS 业务另行签订服务协议。

第十条　银医一卡通服务

为进一步提升医院综合服务功能，彻底改变患者就医时排队挂号、缴费、取药现状，甲乙双方合作开发"医院自助综合服务系统"，银行与医院 HIS 系统对接，实现病人自助建卡、自助挂号、自助缴费功能。

第十一条　自助银行服务

在乙方院内，甲方提供自动取款机（ATM）、存取款一体机（CRS）各一部，全天候 24 小时提供查询余额、存取现金、转账、自助交费、修改密码等金融自助服务，方便乙方员工、就医人员和客户自助办理金融业务。乙方为甲方提供自助银行所需房屋建设并协助甲方做好自助银行安全管理工作。双方另行签订自助银行合作和管理协议。

第十二条　理财服务

根据乙方账户资金使用和具体要求，甲方为乙方提供理财服务，为乙方制定理财方案，及时向乙方推介各类产品信息，协助乙方提高资金的使用效率和收益水平。

第十三条　银行卡服务

甲方优先向符合条件的乙方及下属单位员工、与乙方发生业务的客户及乙方提供服务的患者发行贷记卡、准贷记卡、国际信用卡、借记卡、芯片卡，为其提供包括存取款、转账以及异地汇款、消费信用等银行卡服务；乙方相关人员应优先推荐其客户使用甲方银行卡产品。

第十四条　企业年金服务

乙方承诺将企业年金委托甲方管理，甲方作为托管人，认真履行职责，保证乙方企业年金稳健高效运作。

第十五条 其他业务

随着甲乙双方合作的不断深入，在遵守国家法律法规和监管部门要求的前提下，双方可以探索开拓新的业务合作项目。

第十六条 甲方具有所提供产品和服务内容的解释权。

第三章　双方承诺

第十七条 甲方承诺在双方合作过程中本着诚实信用的原则全面适当地履行如下义务：

1. 按照约定的业务合作内容，为乙方提供全方位、个性化、优质高效的金融服务。

2. 在符合甲方信贷制度要求的前提下，优先受理乙方的融资申请，并可视业务情况启用重要客户"绿色通道"，以方便乙方快捷使用授信额度。在符合国家政策、法律法规和甲方管理制度的前提下给予乙方优惠的贷款利率或费率。

3. 关心乙方的长远发展，为乙方的经营和服务活动提供及时有效的国家政策、行业指导以及金融信息，并对乙方的管理提出建议。

4. 高度重视乙方就所提供服务提出的质询、批评和投诉并迅速妥善处理。采纳乙方对产品和服务提出的合理建议并及时改进工作。

第十八条 乙方承诺在双方合作过程中本着诚实信用原则全面适当地履行如下义务：

1. 积极与甲方在金融产品服务、资金融通、开发新项目等方面开展合作，优先在甲方办理各项金融业务。

2. 积极协助甲方在乙方和关联客户推广和开办各项金融业务。

3. 与甲方建立良好的信息沟通渠道，定期通报客户、投资、项目和财务发展战略等有关信息，以便于甲方提供更好的金融服务。

4. 按有关规定和双方的约定按时、足额对甲方提供的产品和服务支付各项利息和费用。

第十九条 任何一方对合作过程中获得的对方商业秘密以及其他与利益相关的财务数据或信息负有保密义务。除非根据法律法规或规范性文件的要求，未经对方同意，不得向任何第三人披露或泄露上述信息。当事人的保密义务不因本协议的解除或终止而免除。

第四章　违约责任

第二十条　任何一方未履行本协议下的任何一款均被视为违约。守约方有权要求对方在合理的期限内对违约行为予以改正。期限届满仍未改正的，守约方有权解除合同，并要求违约方赔偿守约方因此而遭受的直接损失（包括已经发生的损失和可以预见的损失）。

第二十一条　因不可抗力（比如洪水、火灾、地震、战争等）导致一方不能依约履行本协议的，该方无须就此承担责任，但应及时采取措施防止损失扩大，否则应就扩大损失向对方承担赔偿责任。受影响一方应在不可抗力发生后尽快通知对方，并在有关机关出具证明后3日内以最快的方式向对方提供一切相关材料。

第五章　协议的效力和争议解决

第二十二条　协议的生效

本协议自双方签字或盖章之日起生效，有效期5年。期满前两个月内双方无书面异议的，协议有效期自动延长5年。

第二十三条　在履行本协议过程中，未经双方书面协商一致，任何一方不得单方面修改或变更本协议。

第二十四条　如遇国家法律法规或政策变化，致使本协议的部分或全部条款不再符合国家法律法规或政策要求的，各方应及时协商，尽快修改本协议相关条款。

第二十五条　甲乙任何一方违反法律法规，严重违反本协议约定或发生其他影响本协议目的实现的不利情形的，对方有权解除本协议。

第二十六条　争议的解决

因本协议引起的或与本协议有关的任何争议，甲乙双方均应本着平等互利的原则协商解决。协商不成的，任何一方均可将争议提交所在地人民法院诉讼。在诉讼期间，本协议不涉及争议的条款仍需履行。

第六章　附　则

第二十七条　本协议一式两份，甲乙双方各持一份，具有相同的法律效力。

第二十八条 本协议未尽事宜，由甲乙双方协商处理，或按照国家法律法规的规定执行。

乙方声明：甲方已依法向乙方提示了相关条款，应乙方要求对相关条款的概念、内容及法律效果做了说明，乙方已经知悉并理解上述条款。

甲方：（盖章）　　　　　　　乙方：（盖章）

签约人：　　　　　　　　　　签约人：

签约时间：　　年　月　日　　签约时间：　　年　月　日

第十九招　家电经销商存款

【目标对象】

存款的目标对象是家电经销商。比如，国美电器有限公司、苏宁电器有限公司、北京盛世新兴格力电器销售有限公司、北京美的制冷产品销售有限公司等公司以及本地家电经销企业。

【使用产品】

使用产品包括循环开立银行承兑汇票、定期存单。

1. 循环开立银行承兑汇票。家电经销商在采购环节大量使用银行承兑汇票，可以交存一定比例的保证金，银行吸收保证金存款。

2. 定期存单。这类客户在银行存入全额保证金，开立银行承兑汇票，银行获得可观的全额定期存单。

【存款量分析】

存款量起步在 500 万元以上。

【开发难度】

开发难度较小。家电经销商多属于民营企业，对银行的融资需求量较大，尤其是银行承兑汇票，银行可以重点营销敞口银行承兑汇票。

【营销思路】

家电经销商属于现金流非常充裕的行业，现金流量极大，交易活动中大量使用银行承兑汇票，可以制造非常可观的存款。

【案例】

××电器有限公司存款业务

××电器有限公司是一家以经营各类家用电器为主的全国性家电零售连锁企业。依靠市场定位和薄利多销的经营策略占领市场，国美电器是中国驰名商标，是中国最大的家电零售连锁企业，在北京、天津、上海、成都等25个城市以及香港等地区拥有直营店130余家，1万多名员工，获得中华人民共和国工业和信息化部发售的第一批虚拟运营商牌照，成为中国移动虚拟运营商之一。

零售国家正式出版的音像制品；在中华人民共和国工业和信息化部批准的范围内开展移动通信转售业务试点。销售百货、机械电器设备、金属材料、五金交电化工、化工轻工材料、装饰材料、针纺织品、建筑材料、无线电话、手持移动电话机、通信及信息系统设备；信息咨询；技术咨询；出租商业设施；提供劳务服务；技术开发、技术服务、技术咨询；通信技术培训；设计、制作、代理、发布广告。

银行为其核定5000万元的银行承兑汇票额度，要求缴存2000万元的保证金，3000万元的敞口额度。

1. ××电器有限公司在银行缴存2000万元保证金后，银行立即为其办理了5000万元的银行承兑汇票，期限为6个月。

2. ××电器有限公司在2个月内，缴存3000万元保证金，填满银行承兑汇票敞口；当日，××电器有限公司再次缴存2000万元保证金。

3. 银行为××电器有限公司第二次办理了5000万元的银行承兑汇票。

4. ××电器有限公司在第二笔银行承兑汇票签发后，2个月内再次缴存3000万元保证金，填满第二张银行承兑汇票敞口。

5. 银行为××电器有限公司办理了第二笔银行承兑汇票，银行获得惊人的保证金存款回报。

第二十招　保兑仓存款

【目标对象】

保兑仓存款的目标对象是大型核心制造企业。

家电、水泥、面粉、粮食、日用品等采用经销商模式销售的企业。

【使用产品】

使用产品包括保兑仓等。

保兑仓是指以买方信用为载体，以银行承兑汇票为结算工具，由银行控制货权，仓储方受托保管货物，银行承兑汇票保证金以外的部分由卖方以货物回购作为担保措施，由银行向供应商（卖方）及其经销商（买方）提供的以银行承兑汇票为结算方式的一种金融服务。

通俗一点讲，企业向合作银行缴纳一定的保证金后开出银行承兑汇票，且由合作银行承兑，收款人为企业的上游供应商（卖方），供应商（卖方）在收到银行承兑汇票后开始向物流公司或仓储公司的仓库发货，货到仓库后转为仓单质押，若融资企业无法到期偿还银行敞口，则上游供应商（卖方）负责回购质押货物。

【产品流程】

1. 买方向银行缴存一定比例的承兑保证金。

2. 银行签发以卖方为收款人的银行承兑汇票。

3. 买方将银行承兑汇票交付卖方，要求提货。

4. 银行根据买方缴纳的保证金的一定比例签发提货单。

5. 卖方根据提货单向买方发货。

6. 买方实现销售后，再缴存保证金，重复以上流程。

7. 汇票到期后，由买方支付银行承兑汇票与保证金之间的差额部分。

【产品优势】

1. 对供应商（卖方）而言，首先通过增强经销商（买方）的销售能力，解决了产品积压的问题，扩大了产品的市场份额，从而获得更大的商业利润。其次，锁定销售渠道，在激烈的市场竞争中取得产业链竞争优势。无须再次向银行融资，降低了资金成本，同时也减少了应收账款的占用，保障了收款。

2. 对经销商（买方）而言，银行为其提供了融资便利，解决了全额购货的资金困难。买方可以通过大批量的订货获得生产商给予的优惠价格，降低销售成本。而且对于销售季节性差异较大的产品，可以通过在淡季批量订货，旺季销售，获得更高的商业利润。

3. 对于银行而言，通过保兑仓的业务，能获取丰富的服务费及可能的汇票贴现费用，同时也掌握了提货权。

【产品风险】

1. 对于卖方而言，其风险显然来自买方的失信和经销不力。在银行承兑汇票到期后，如果买方缴付的保证金余额低于银行承兑汇票的金额时，即买方不能完全实现销售，则卖方就必须将银行承兑汇票与保证金的差额部分以现款支付给银行。

2. 对于银行的风险，存在买方和卖方合谋骗贷的可能。

【差额保证】

差额保证为供应商（卖方）向经销商（买方）回购货物，并向银行以现款缴纳银行承兑汇票差额的行为。

银行在要求卖方兑现差额保证时，应当注意银行开具的银行承兑汇票与经销商（买方）缴纳的不足额保证金只能证明买方未尽销售责任，而不能证明卖方未尽责任，及若以此为证据不能要求卖方进行差额保证的行为。

经销商（买方）在银行承兑汇票到期前15日未足额备付时，如果银行在本协议项下出具的提货单累计金额（无论何种原因）少于银行依据本协议及其与经销商（买方）之间签订的银行承兑汇票协议而承兑的以供应商（卖方）为收款人的银行承兑汇票总金额，则供应商（卖方）对该差额部分以及由于逾期产生的逾期利息、罚息承担连带保证责任。

【存款量分析】

存款量起步在5000万元以上，存款来源通常是在核心制造企业获得的一部分存款，还有相当一部分来自经销商的保证金存款或是结算存款。

【开发难度】

开发难度较小。保兑仓属于帮助核心企业扩大销售的王牌产品，借助核心企业对经销商体系进行批量开发。

【案例】

××银行与××集团的保兑仓案例

××银行广东省分行为××集团量身定做了保兑仓业务，通过将银行产品和服务与企业价值链紧密结合，提高了企业在产业链上的凝聚力和控制力，受到企业高度评价。目前，该分行已累计为××集团发放了95笔保兑仓业务，总金额为8.8亿元。

结合××集团的实际情况，该分行将保兑仓业务的模式设定为：利用××集团的授信额度，为其经销商开立银行承兑汇票，银行承兑汇票用于向××集团（包括其下属公司）购买指定的交易商品的业务。其中，银行控制提货权，××集团受托保管货物，并在银行承兑汇票到期后对经销商开出的银行承兑汇票保证金以外的金额承诺回购。

在该模式下，可实现三方共赢：对××集团本身而言，既可以有效利用闲置额度支持经销商，提高集团在产业链上的凝聚力，又可以主动选择支持的经销商，提高集团在产业链上的控制力；对××集团的经销商而言，可以有效地解决抵（质）押物不足情况下的融资问题；对银行而言，既能大量开票吸收保证金存款，又能通过对资金流和物流的控制实现风险可控。

该分行成功为××集团办理了第一笔保兑仓融资业务。随后，天津、台州、温州、重庆、湖南的多家经销商均表示了合作意向。在短短一个月内，××银行广东省分行拓展保兑仓客户7户，开出保兑仓2429万元。此时，业务发展出现了新的问题：每笔业务量小，业务需求多，耗费人力大；异地经销商每次开票都需到网点亲自办理，客户意见较大。针对这个问题，该分行联合××集团力推电子银行承兑汇票结算，以"电票＋保兑仓"的模式将双方合作推到新的高度。

开出第一笔电子银行承兑汇票保兑仓；××集团保兑仓业务开票余额已逾8亿元（其中，电子银行承兑汇票7亿元），形成了××集团保兑仓融资业务"一点对全国"的竞争优势。

第二十一招　汽车经销商存款

【目标对象】

汽车经销商存款的目标对象是汽车经销商，比如庞大汽车有限公司、亚夏汽车有限公司，奔驰、宝马、本田、长城、神龙富康等经销商。

【使用产品】

使用产品包括银行承兑汇票、法人账户透支。

1. 银行承兑汇票。汽车经销商在采购环节使用银行承兑汇票较多，银行可以要求一定比例的保证金存款，通常比例不低于30%。

2. 法人账户透支。对于畅销车型，汽车厂商通常规定，谁先打款，给谁发货，银行可以为部分畅销车型经销商核定法人账户透支额度。

【存款量分析】

存款量起步在500万元以上。

汽车经销商一般现金流水较大，为了满足日常周转需要，每日备足至少200万元以上的头寸，再加上部分保证金存款，一般存款都会超过500万元。

【开发难度】

开发难度较小。汽车经销商属于中小企业群体，信息极为公开透明，因此开发难度较小。

【营销思路】

银行可以通过汽车动产质押、门店土地使用权抵押的方式形成风险保障，核定授信额度。

【成功案例】

北京××集团银行承兑汇票业务

北京××集团，是中国华北地区第一家 BMW 授权经销商，销售 BMW 及 MINI 全系产品，目前在北京地区拥有两家 4S 店及一家销售展厅。北京××集团因其专业的服务和良好的口碑，深得广大 BMW 车主和 MINI 车主的信任，是北京地区最具实力的授权经销商。北京××集团亦庄4S店、北京××集团4S店是BMW在华北地区最早的授权经销商，也是京城最早的BMW经销商和售后服务提供商。

北京××集团亦庄4S店已经走过了十余年时间。业务范围不仅包括新车销售及维修保养，而且涵盖贷款购车、代办牌照、保险服务、大客户业务、二手车置换及尊选二手车销售业务，为客户购车提供多重便利。

银行办理汽车动产质押并签发银行承兑汇票，金额高达2000万元，吸收存款超过1000万元。

第二十二招　煤炭经销商存款

【目标对象】

煤炭经销商存款的目标对象是煤炭经销商。

【使用产品】

使用产品包括银行承兑汇票、定期存单、保理表外融资业务。

1. 银行承兑汇票。煤炭经销商在买煤环节，大量使用银行承兑汇票，银行可以获得一定的保证金存款。

2. 定期存单。煤炭经销商下游为大型电厂，存在大量的应收账款，银行可以提供保理表外融资业务，要求经销商缴存一定比例的保证金，敞口占用应收账款保理额度。

3. 保理表外融资业务是指银行受让申请人的应收账款，并为申请人提供表外融资、应收账款管理和催收等服务。该融资业务通过盘活企业应收账款，提高企业支付能力，解决其短期流动性需求；同时以应收账款债权转让为基础，可以改善企业财务结构，优化财务报表，还能由银行提供应收账款管理综合服务，提高企业财务管理效率，降低财务风险。

【经销流程图】

煤炭经销流程

按照以上流程的付款时间分类，我国煤炭经销的结算方式主要有以下四种，但是以先款后货（预付款）的方式为主流。

1. 货到付款。

操作流程：煤炭货物运输到厂—化验合格—付款。

货到付款主要通行于国营大矿、国营大厂之间。民营企业有时也采用此种结算方式。

2. 先款后货。

操作流程：终端用户预交计划费—卖煤方（煤矿或煤炭运销公司）批计划—买方拿到计划一次性打全款到卖方—点车、化验—装车—发运。

先款后货要求买方先付清全款，卖方再发货，但也存在一签合同就要打全款到位的情况，这是目前的主流结算方式。

3. 票据、信用证等。

操作流程：买卖双方把票据交银行—批计划—拿到计划，见计划—点车、装车—发运—需方确认到货—化验—银行结算。

结算品种包括银行承兑汇票、商业承兑汇票、信用证、银行保函、银行汇票等。

4. 分批付款。

操作流程：买方预交计划费—批计划—拿到计划，化验—装车前（一般提前几日）预付一部分货款—装车完毕，见铁路大票付清剩余货款—发运。

在买卖双方彼此还没有建立良好的信任度时，这种结算的方式对于供需双方都较难以接受。

如果按交货地点分类，我国煤炭经销主要有三种结算方式：

1. 下水煤炭的结算方式一般分为发站车板结算、到站车板结算、港口场地结算、离岸平仓结算、到港结算。

2. 铁路运输煤炭的结算一般分为发站车板结算、到站车板结算。

3. 公路运输煤炭的结算方式一般分为坑口结算、到货结算。

【存款量分析】

存款量起步在 500 万元以上。煤炭交易属于高度资金密集型行业，单次煤炭采购金额都会在 1000 万元以上，会给银行带来巨大的资金沉淀。

【切入点分析】

银行承兑汇票是各家银行切入这些客户的黄金机会，其中，担保方式可以选择动产质押和保理业务。

对于向大型发电企业供应煤炭的煤炭经销商，银行可以重点营销保理业务，将这些优质的应收账款转让给银行。

第二十三招　房地产开发商存款

【目标对象】

房地产开发商存款的目标对象是房地产开发商。

【使用产品】

使用产品包括房地产开发贷款、供应链融资、预售资金监管账户等。

1. 房地产开发贷款是指对房地产开发企业发放的用于住房、商业用房和其他房地产开发建设的中长期项目贷款。

2. 供应链融资是指银行对房地产开发商核定供应链担保额度，银行对施工企业发放供应链融资贷款，占用房地产开发商的担保额度。

3. 预售资金监管账户是指房地产开发商都采取预售销售模式，预售资金会被住房和城乡建设委进行监控，存在指定银行，并在住房和城乡建设委监督下使用。银行应当积极争取房地产开发商在银行开设预售资金监管账户。

【存款量分析】

存款量起步在 5000 万元以上。存款一般都会过亿元，各地一般都规定了商品房预售资金监管服务。因此，在开发商实现预售后，会在银行滞留大量的预售资金。

1. 关键在于能否为开发商提供开发贷款，一旦开发贷款取得突破，就可以获得可观的预售存管业务。

2. 房地产开发楼盘项目的预售资金被强制规定存放在银行，属于开发商不可以随意使用的资金。

【开发难度】

开发难度较小。开发商对资金需求量较大，需要银行提供开发贷款扶持，银行一般处于绝对强势地位。

【典型客户】

典型客户包括保利地产、绿地地产、万科地产、龙湖地产、华润置地以及各地方的优质房地产开发商。

【营销思路】

1. 银行应当紧盯本地的土地拍卖网站，抓住开发商的拍地信息，一般成功拍得土地的开发商都具备开发价值。

2. 银行通过对开发商提供开发贷款并达到预售阶段后，银行可以对购房客户办理按揭贷款，按揭贷款进入银行监管账户，可以获得可观的监管资金存款。

【案例】

××地产股份有限公司授信案例

××地产股份有限公司是由北京××实业公司作为主发起人，联合山东××粮油实业公司、山东××实业有限公司、延吉××经济发展有限责任公司、中国建筑第一工程局××建筑公司四家法人企业，共同发起设立的股份有限公司。以上五家发起人共同以净资产、股权及现金出资，折股为6200万股发起人股。以上网定价方式向社会公开发行普通股3000万股后，上市时公司总股本达9200万股。

经营范围：房地产开发；销售商品房；停车场建设及经营管理；信息咨询（不含中介）；技术咨询；劳务派遣；股权投资及管理；资产管理。

某银行客户经理每日观察当地土地拍卖中心的拍卖信息，发现××地产股份有限公司在本地成功以5亿元拍得土地，土地性质为商品住宅。银行认为，该地块属于成熟区域，人口密集，具备极好的开发价值，未来销售看好。

银行立即联系该地产股份有限公司财务总监，准备提供1亿元房地产开发贷款，以新拍得的土地使用权作为抵押。

后续，在该商品住宅开发具备预售条件后，银行立即办理全封闭按揭，以按揭回款归还开发贷款，实现封闭自偿。

【文本示范】

银行—房地产开发商合作协议

甲方：_____银行

乙方：_____公司

为支持乙方开发的楼盘项目的建设，在互惠互利的基础上建立双方长期的战略合作伙伴关系，实现银企双赢的目标，甲乙双方经友好协商，达成如下协议：

第一条　金融服务

1. 甲乙双方承诺在协议有效期内，将对方视为自己的重要合作伙伴。甲方在法律法规和金融政策允许的前提下，以其强大的资金实力优先为乙方提供一揽子"房地产金融套餐"，积极支持乙方的经营发展。

2. 甲方将密切关心乙方的长远发展，充分利用自身的人才、信息等方面的优势，为乙方的业务发展、经营决策提供有关信息、政策和财务咨询服务，通报有关货币政策、信贷政策，宣传、解释有关的金融法规。

3. 甲方将为乙方及其关联公司在业务发展战略、投资活动和经营方针等方面提供专业建议，当好财务顾问。

第二条　对项目的金融支持

1. 甲方同意向乙方提供住房开发贷款_____万元，用于支持乙方上述项目的建设，甲方保障乙方上述项目的融资需求。

乙方如果使用商业承兑汇票对供应商付款，甲方对供应商持有的乙方签发的商业承兑汇票提供贴现或质押贷款等融资，甲方同意以上贷款等金额仅用于兑付商业承兑汇票用途。

2. 乙方愿遵守下列各条规定。

（1）遵守银行信贷、结算制度。

（2）按时向银行提供财务会计资料、工程建设合同及与项目有关的重要合同或协议类资料，并保证所提供的资料真实、有效、及时。

（3）按贷款申请用途使用贷款、专款专用，接受甲方的财务监督。

（4）在甲方开立结算账户，保证上述项目的回笼资金全部存入乙方在甲方开立的银行账户内。

（5）项目开发中，应邀请甲方参加该项目的有关重要会议或活动，甲方对乙方不合理的开支拥有否决权，乙方应尊重甲方对项目开发的建议。

第三条　按揭业务及相关业务

1. 甲方为乙方提供上述项目的商业组合贷款。乙方同意将所有按揭业务交予甲方办理，甲方保证落实乙方商业贷款的资金来源。乙方在未还清甲方所有贷款本息以前，不去其他银行办理按揭贷款业务；同时甲方承诺以最快的速度向乙方提供按揭贷款服务。

2. 甲方将利用其整体优势，为乙方提供全方位金融服务，包括资信证明、项目可行性研究、财务监理、保函、信用证、代发工资、物业管理代理收费等金融品种，乙方优先委托甲方办理前述各类业务。

3. 乙方推荐（项目施工企业/监理单位/售楼中介/其他有关单位）的结算账户开户到甲方，并将所有与项目有关的结算交甲方办理。

第四条　其他约定

1. 为有效执行本协议，甲乙双方主要代表应定期交流情况，保持联系，沟通信息，解决在执行本协议工程中所产生的问题。

2. 在执行过程中，如客观情况发生变化或需要对协议中有关条款进行修改补充时，双方本着平等互利的原则友好协商解决。

3. 其他事项。

4. 本协议一式两份，双方各执一份。

甲方（签章）：　　　　　　　乙方（签章）：
法定代表人或授权代理人：　　法定代表人或授权代理人：
　　　年　月　日　　　　　　　　年　月　日

第二十四招　粮食经销商存款

【目标对象】

粮食经销商存款的目标对象是各大粮食经销商。

【使用产品】

使用产品是银行承兑汇票。

粮食经销商向各地国家粮食储备库购买粮食的时候，大量使用银行承兑汇票，银行可以获得可观的保证金存款。

【存款量分析】

存款量起步在 1000 万元以上，粮食交易属于资金密集型行业，一般银行提供银行承兑汇票为佳。

【开发难度】

开发难度较小。大部分粮食经销商属于民营企业，一般采取粮食动产质押的方式融资，并委托第三方物流公司进行现场监管，银行对粮食经销商提供银行承兑汇票。

【文本示范】

银行承兑协议

承兑申请人：

地　　　址：

邮 政 编 码：

法 定 代 表 人：

委 托 代 理 人：

经 办 人：

电　　　话：

传　　　真：

开 户 银 行：

账　　　号：

承　兑　行：＿＿＿＿＿银行

地　　　址：

邮 政 编 码：

法定代表人/负责人：

委 托 代 理 人：

经　办　人：

电　　　话：

传　　　真：

第一章　总　则

承兑申请人因商品交易需要，特向承兑行申请商业汇票银行承兑，承兑行经审查，同意根据本协议的条款和条件为承兑申请人办理商业汇票银行承兑业务。

为明确双方当事人的权利和义务，根据《中华人民共和国票据法》等法律法规的规定，经承兑行和承兑申请人在平等、自愿的基础上协商一致，特订立本协议。

第二章　银行承兑汇票内容

第一条　本协议项下的银行承兑汇票的出票人（即承兑申请人）情况如下：

名　　　称：

账　　　号：

第二条　本协议项下银行承兑汇票情况详见本合同第十二章所附清单，该清单与本协议具有同等法律效力。

第三条　出票人确认其委托承兑行无条件支付上述银行承兑汇票款项。

第三章　费用及费率

第四条　承兑申请人应按本协议第二条约定的银行承兑汇票票面金额的万分之＿＿＿＿＿＿＿＿（大写），共计＿＿＿＿＿＿＿＿（写明币种、金额大写），向承兑行支付承兑手续费；同时应按承兑行承担的敞口风险金额的千分之＿＿＿＿＿＿＿＿（写明币种、金额大写），共计＿＿＿＿＿＿＿＿（写明币种、金额大写），向承兑行支付银行承兑汇票承诺费。

第五条　承兑申请人应于本协议第二条列示的银行承兑汇票由承兑行承兑时，向承兑行一次缴清承兑手续费。

第四章　担　保

第六条　承兑申请人应于承兑行承兑之日在［　　　］（1. 承兑行，2. 开户行）处开立的专用账户（账户名：＿＿＿＿＿＿＿＿，账号：＿＿＿＿＿＿＿＿）中存入或汇入金额不低于银行承兑汇票票面金额的百分之＿＿＿＿＿＿＿＿（写明币种、金额大写）的保证金。保证金自存入之日起即转移为承兑行占有，作为履行本合同的担保。

对于全程通项下业务，承兑申请人应于承兑行承兑之日在［　　　］（1. 承兑行，2. 开户行）处开立专用回款账户（账号：＿＿＿＿＿＿＿＿）。在银行承兑汇票到期日前，该账户项下的全部资金，均为银行承兑汇票项下的保证金。

在承兑行向持票人付款前，承兑申请人不得支取或动用该保证金。本协议项下保证金范围包括保证金账户存入资金的本金及本金存续期间所产生的孳息。

第七条　本协议项下的银行承兑汇票的担保方式为：

由（保证人）提供连带责任保证担保，保证合同编号为＿＿＿＿＿＿＿＿。

由（抵押人）提供（抵押物）的抵押担保，抵押合同编号为＿＿＿＿＿＿＿＿。

由（出质人）提供（出质物/出质权利）的质押担保，质押合同编号为＿＿＿＿＿＿＿＿。

第八条　承兑行与担保人应就具体担保事项签订相应的担保合同。

第五章 承兑申请人的陈述与保证

第九条 承兑申请人在此向承兑行作出如下陈述和保证：

1. 承兑申请人是一家依照中国法律成立并有效存续的法人实体/其他组织，具有独立的民事行为能力，并享有充分的权力、授权及权利以其全部资产承担民事责任并从事经营活动。

2. 承兑申请人具有充分的权力、授权及权利签署本协议及进行本协议项下的交易，并已采取或取得所必要的所有法人行为及其他的行动和同意以授权签署和履行本协议。本协议由承兑申请人的法定代表人或其委托代理人有效签署，并加盖公章。

3. 承兑申请人已取得为签署本协议所需的一切政府部门的批准和第三方同意，承兑申请人签署及履行本协议不违反其法人组成文件/批准文件（如有）及其作为一方当事人的任何其他合同或协议。

4. 承兑申请人已仔细阅读并完全理解接受本协议的内容，承兑申请人签署和履行本协议是自愿的，其在本协议项下的全部意思表示真实。

5. 承兑申请人申请本协议项下的银行承兑汇票是以真实、合法的交易关系为基础，且本协议第二条所列示的基础交易合同真实有效，且承兑申请人保证自银行承兑汇票开出后____日内向承兑行出具与交易合同相吻合的增值税发票等合法票据凭证。

6. 承兑申请人如实向承兑行提供信用调查、审查过程中需要的资料，积极配合承兑行的调查和审查。

7. 为确保本协议的合法性、有效性或可强制执行性，承兑申请人已完成或将完成所需的所有登记或备案手续。

8. 本合同是合法有效的，对承兑申请人构成具有法律约束力的义务。

9. 未发生或存在任何违约事件。

承兑申请人的上述陈述和保证在本协议有效期内须始终保持正确无误。

第六章 承兑申请人的承诺

第十条 承兑申请人向承兑行承诺如下：

1. 承兑申请人应遵守与本协议有关的一切法律法规，严格履行和遵守本协议项下的责任和义务。

2. 承兑申请人应及时将有关承兑申请人的任何重大事项及可能影响本协议项下责任和义务的履行的任何事件通知承兑行。在承兑行认为该等事件可能影响本协议项下责任和义务的履行时，承兑行可要求承兑申请人提供进一步的、承兑行认可的担保。

3. 承兑申请人应立即通知承兑行任何以下事件：

（1）任何违约事件的发生。

（2）任何涉及承兑申请人的诉讼、仲裁或行政程序。

4. 承兑申请人将于本协议项下的银行承兑汇票到期前将票款足额存入其在承兑行/开户行开立的账户上，由承兑行/开户行于银行承兑汇票到期日将该款项支付给持票人。

5. 承兑申请人与持票人之间在任何情况下发生和存在的任何纠纷，不构成其拒绝履行本协议项下责任和义务的理由。

6. 如果承兑行在银行承兑汇票项下垫付任何款项，该等垫付款项自垫付之日起即转成承兑申请人欠付承兑行的逾期贷款，无须签订其他形式的合同和协议，承兑申请人对该逾期贷款承担还款义务，并须按照本协议约定的逾期罚息利率向承兑行支付利息，直至逾期贷款本息全部清偿为止。如承兑申请人未能支付该等利息，承兑行有权计收复利。

第七章　违约及救济

第十一条　本协议生效后，承兑申请人和承兑行双方均应履行本协议所约定的义务，任何一方不履行或不完全履行本协议所约定义务的，应当承担违约责任。

第十二条　下述每个事件及事项均构成承兑申请人在本协议项下的违约事件：

1. 承兑申请人在本协议项下所作的陈述、保证或承诺被确认为是不正确的或不真实的，并会影响承兑行的权益，或承兑申请人违反其在本协议项下所作的任何承诺。

2. 承兑申请人中止或停止营业或进入破产、清算、歇业或其他类似程序，或承兑申请人被申请破产、清算或被主管部门决定其停业或暂停营业。

3. 发生了针对承兑申请人的重大诉讼、仲裁或行政程序。

4. 本协议第四章项下的担保无效、被撤销或保证人失去担保能力或抵押物或出质物/出质权利价值减损丧失担保意义或发生其他承兑行认为会影响本协议项下责任和义务的履行的任何事件。

第十三条　承兑申请人存在的任何违约行为，导致承兑行依据经验判断承兑行有可能垫付票款或垫付票款后承兑申请人无力还款的，承兑行有权采取以下一种或几种救济手段：

1. 从承兑申请人在承兑行或承兑行系统内开立的任何账户划扣等于尚未到期的承兑汇票票面金额的款项，以备到期兑付承兑汇票。

2. 将承兑行垫付的任何款项转成对承兑申请人的逾期贷款，并按照日利率万分之＿＿＿＿＿＿＿（大写）的逾期罚息利率对承兑申请人计收利息。

3. 按本协议第四章的约定依法行使担保权利。

第八章　其　他

第十四条　协议双方应当对为签署和履行本协议的目的而了解到的对方有关其债务、财务、生产、经营资料及情况保密，但依法需要披露的情形除外。

第十五条　如果在任何时候，本协议的任何条款在任何方面是或变得不合法、无效或不可执行，本协议其他条款的合法性、有效性或可执行性不受任何影响或减损。

第十六条　本协议的小标题仅为方便阅读而加入，不得被用于协议的解释或任何其他目的。

第十七条　本协议双方互相发出的与本协议有关的通知、要求，应以书面方式作出，发送至本协议首页列出的有关方的地址或传真。任何一方如变更其地址或传真，需及时通知对方。

双方之间的文件往来，如以专人送递，在交付后即被视为送达；如以挂号信方式发送的，在挂号信寄出后 3 日即被视为送达；如以传真发送，在发出时即被视为送达。但承兑申请人发给承兑行的文件，则需在承兑行实际收到后方可视为送达。

第九章　适用法律和争议解决

第十八条　本协议及本协议所涉及的任何事项适用中国法律，并按照中国法律进行解释。

第十九条　承兑申请人和承兑行在履行本协议中发生的争议，首先由双方协商解决。协商不成的，则在承兑行所在地有管辖权的人民法院通过诉讼方式解决。

第十章　协议的生效、变更和解除

第二十条　本协议经承兑申请人和承兑行双方法定代表人/负责人（或委托代理人）签字或盖章并加盖公章后生效。

第二十一条　本协议生效后，承兑申请人和承兑行任何一方不得擅自变更或提前解除本协议，如需变更或解除本协议时，应经承兑申请人和承兑行双方协商一致，并达成书面协议。书面协议达成之前，不影响本协议条款的效力。

第十一章　附　则

第二十二条　本协议正本一式两份，承兑申请人一份、承兑行一份，具有同等法律效力。

第二十三条　本协议于____年____月____日签订。

第十二章　附　件

银行承兑汇票承兑情况清单

收款人全称	收款人账号	收款人开户银行	汇票金额（大写）	签发日	到期日	基础交易合同编号

承兑申请人（盖章）

法定代表人：

（或委托代理人）

承兑行（盖章）

法定代表人/负责人：

（或委托代理人）

经审查，票据记载信息与我单位申请内容一致，本人已领取全部票据的第一、第二联，待加盖预留印鉴后交回承兑行加盖汇票专用章。如果在此过程中发生票据污损或错盖印鉴等情况，我单位保证将作废的银行承兑汇票交回贵行后申请换领新票。

领取人签字：

领取人身份证件种类：

领取人身份证件号码：

第二十五招　药品经销商存款

【目标对象】

存款的目标对象是药品经销商。

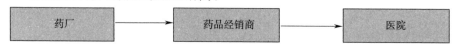

【使用产品】

使用产品包括银行承兑汇票、定期存单、票据池、应收账款保理。

1. 银行承兑汇票。药品经销商在采购环节可以使用银行承兑汇票支付，这会给银行贡献可观的保证金存款。

2. 定期存单。药品经销商现金流量极大，银行可以要求经销商在银行办理存单质押签发银行承兑汇票。

3. 票据池。药品经销商在经营环节大量收到银行承兑汇票，银行可以考虑操作票据池业务，短期票据换长期票据。

4. 应收账款保理。药品经销商下游是大型医院，非常适合操作保理业务。

【存款量分析】

存款量起步在 500 万元以上，建议首先考虑对药品经销商办理银行承兑汇票。

【开发难度】

1. 开发难度较小。药品经销商对银行信贷需求量极大，一般缺少合格的抵押和担保，倾向于用大型医院的应收账款进行质押，或是操作保理业务。

2. 在采购环节，药品经销商对制药企业多使用银行承兑汇票付款，银行可以要求其至少留存 30% 的保证金。

【案例】

××股份有限公司存款业务

××股份有限公司，治理结构规范。由地区性单体企业成长为跨地区、集团化、网络型的特大型企业，现有 60 余家分子公司，员工 5000 多人，市场覆盖苏、皖、闽等地及云、鄂、川部分地区（在苏、皖、闽三省市场占有率位居前三），业务覆盖近 70 个城市，服务 46000 多家客户（包括 17000 家左右的医疗机构客户），与排名前 50 位的供应商已建立良好的合作关系。××股份有限公司目前以医药供应链服务业务、健康连锁业务为主营业务，年销售收入达 248 亿元，居国内医药流通业第六位。2016 年 4 月，××股份有限公司荣获中国药品流通行业"十二五"最佳管理创新奖。

××股份有限公司下游为某军队三甲医院，应收账款金额高达 3 亿元，××股份有限公司可以承担的融资成本高达 8% 以上。

银行为××股份有限公司核定 2.1 亿元保理额度（3 亿元应收账款按照 70% 比例核定），保理额度对应的应收账款限定为某军队三甲医院。

【示范文本】

药品经销商、银行、医院
应收账款转让三方协议

甲方：（应收账款转让人）
法定代表人/负责人：

乙方：（应收账款债务人）
法定代表人/负责人：

丙方：（应收账款受让人）＿＿＿＿＿＿＿＿银行
法定代表人/负责人：

甲方拟将对乙方的应收账款权益转让予丙方，作为丙方发放贷款的转让担保。为此，甲、乙、丙三方经平等充分协商达成如下一致协议，应共同遵守。

一、释义

1. 应收账款：甲方与乙方签订的＿＿＿＿＿＿＿（编号：＿＿＿＿＿＿＿）合同项下，建设费用款项。

2. 应付账款：乙方在＿＿＿＿＿＿＿合同项下，建设费用款项，乙方为应付账款付款人。

二、乙方已知悉甲方将相关应收账款转让予丙方的事实，乙方对此无异议并将继续按照原已签订的关于应收账款的合同履行付款义务，甲乙双方在此确认，上述应收账款的总金额为人民币：（小写）＿＿＿＿＿＿＿万元，（大写）＿＿＿＿＿＿＿万元。

为保障乙方及时支付应付账款，乙方应及时安排预算资金支付以上款项。

三、本协议签订后，乙方依据＿＿＿＿＿＿＿（编号：＿＿＿＿＿＿＿）合同支付的应付账款必须划入经甲方和丙方确认并受丙方监管的以下账户中。

户名：

账号：

开户行：

该账户中资金用于提前偿还甲方在丙方的借款，或用于转让担保甲方在丙方处的借款，在全部还清所欠丙方的贷款前，甲方使用该账户中的资金必须取得丙方的书面同意。

四、本协议签订后，甲方应即时将有关应收账款的合同原件、凭据等交付丙方保管，甲方就该应收账款办理转让、再次转让、减免债务人付款义务等可能影响丙方权益之事项的必须事先取得丙方的书面同意。

五、本协议自甲方全部偿还上述应收账款转让担保的贷款本息之日起自动失效。

六、本协议签订后，甲方或乙方就上述转让予丙方的应收账款主张抵消、应收账款合同撤销或改变付款方式等危及丙方转让权的行为或意思表示的，须获得丙方的书面同意。

七、其他约定事项。

八、本协议所称应收账款是指权利人因提供一定的货物、服务或设施而获得的要求义务人付款的权利，包括现有的和未来的金钱债权及其产生的收益，但不包括因票据或其他有价证券而产生的付款请求权。

九、甲、乙、丙三方在签署本协议之前，已经详细阅读，正确、准确理解了本协议中条款的含义，签约三方对本合同含义无任何异议。

十、本协议一式四份，甲、乙、丙三方各执一份，自各方均签章且法定代表人/负责人签名之日起生效。

甲方（签章/签名）：

身份证号码（仅为自然人时填列）：

法定代表人/负责人（签名/签章）：

日期：　　年　　月　　日

乙方（签章/签名）：

身份证号码（仅为自然人时填列）：

法定代表人/负责人（签名/签章）：

日期：　　年　　月　　日

丙方（签章）：

法定代表人/负责人（签名/签章）：

日期：　　年　　月　　日

【口诀】

见客户　先分析　写报告　莫着急
选客户　资金量　产业链　要分析
做方案　要动脑　先沟通　多说服
对客户　说利益　对风控　说增信
要记住　方案中　嵌存款　助交易
好客户　第一位　控风险　收益有
多产品　成套餐　巧搭配　做组合
做贷后　莫应付　盯结算　看经营

如何成为优秀的银行客户经理

培养优秀的银行客户经理是每家银行的希望，如何才能够成为优秀的银行客户经理呢？

一、拜访客户

第一次拜访　建立彼此的信任关系

认识客户，彼此建立感觉，建立信任关系给客户留下良好的第一印象。将来能否发展业务关系，第一印象非常重要，就是让对方认为你很专业，很值得信任。

商业银行的客户经理无论是销售理财产品还是信贷产品，做人和做事非常重要。与其说销售的是产品，不如说销售的是人品，销售的是智慧，销售的是信任。

客户购买的决定动机也是不简单的产品收益，而是对客户经理人品的信任。一个客户说过："我给你的不是钱，是相信，你值得我相信，一切都值得。"

第二次拜访　挖掘客户需求，推荐银行产品

要积极向客户推荐银行的业务，在企业的经营过程中，银行哪些产品可以帮助和促进企业的商业经营，将建立的人与人之间的信任关系往商业伙伴的经济利益方向转移。只有人情的交往往往很累，而在人情的交往基础上加上商业元素，合作才会持久，要为长远的交往奠定基础。让对方感觉到银行很执着，很在乎企业的利益，愿意为企业的发展出力，银企双方有着共同的价值观。

第三次接触　建立彼此长久的商业合作关系，满足双方的利益

银行和企业的合作关系建立，以银行实际投放的信贷业务和资金往来为纽带，银行的服务牢牢地嵌入企业的经营环节，银行的服务成为企业经营环节不可缺少的一部分，为长久稳定、持续的业务关系奠定基础。

银企合作讲究双赢，银行得到存款和利息回报，企业借助银行的支持获得快速的发展，实现彼此的商业利益。

二、成为优秀的客户经理的建议

1. 我们曾经是懵懂少年，因为痛，所以叫青春，因为拉存款实在不容易，所以需要坚持不懈地努力，这是银行客户经理人生必经的阶段。

2. "人生从不会嫌太年轻或者太老，一切都刚刚好。"现在是做客户经理最好的时光，我们要珍惜。

3. 每位客户经理要想成就某种成功人生，需要具备多种知识，包括专业技能、信贷技能、沟通力及领导力、职业责任感、诚信度、人际交往能力及组织能力等。所以，每位客户经理现在要开始准备学习各种授信产品，学会如何建立自己的人力资源。

4. 人生并没有什么绝对的保障，那些所谓的资源只会让你在起跑线上占据一条看上去更有利的跑道而已，这并不能保证你会因此拿到冠军。所以，关键是每位客户经理必须有一颗坚持学习的心，勇往直前。

5. 别人记住了你，就等于选择了你。要让每位客户记住我们，让客户有事情随时会想到我们，我们就有了成功的机会。我们要用心与客户接触，让客户感觉到我们处处在维护客户的利益。

6. 创造属于你的独一无二的资源，要精通各类信贷产品，对各类信贷产品能够灵活地组合运用，形成自己独特的能力，这些都是资源。

7. 做优秀的银行客户经理，要牺牲家庭和个人的生活，你要坚持不懈地工作。个人的时间和精力有限，在事业没有根基之前，你需要提升自己的工作能力。

8. 信贷资源是"争"来的，不是"等"来的，要拼命争抢信贷资源，我们争取的信贷资源越多，业绩就越好。

9. 大客户唯一买的是态度。你认真服务客户的态度，将客户的利益看得很重，给客户足够的尊重，让客户感觉到你是最用心的客户经理。

10. 最有效的资本是我们的信誉和别人的信任，它 24 小时不停地为我们工作。我们要建立自己的品牌，让客户有业务时首先想到我们。我们要大量占用银行信贷审批、银行会计人员的时间，让他们为我们工作，为我们维护客户服务。